Informazioni legali

© 2023
Autore ed editore: M.Eng. Johannes Wild
A94689H39927F
E-mail: 3dtech@gmx.de

L'impronta completa del libro si trova nelle ultime pagine!

Questo lavoro è protetto da copyright

Attenzione: Questo libro è solo a scopo educativo e non costituisce una raccomandazione di azione. L'elettricità, specialmente la corrente alternata e l'alta tensione, è pericolosa per la vita. Consultare un professionista prima di eseguire lavori pratici.

Prefazione

Grazie mille per aver scelto questo libro!

Un caldo benvenuto! Stai cercando un'introduzione semplice e comprensibile alle basi dell'ingegneria elettrica e dell'elettronica?

Allora ti consigliamo di leggere questo libro: "Ingegneria elettrica | Passo dopo passo". Sono un ingegnere (M.Eng.) e vorrei avvicinarvi alle conoscenze di base dell'elettrotecnica e dell'elettronica in modo semplice. Questo libro ti offre un'introduzione facile da capire, strutturata in modo intuitivo e pratico al mondo dell'ingegneria elettrica!

Cos'è la corrente e cos'è la tensione? Cos'è la carica? Cos'è il potere? Come funziona un motore elettrico, qual è la differenza tra corrente continua e corrente alternata? Questo manuale di ingegneria elettrica non solo risponde a queste domande, ma copre anche molti altri argomenti in dettaglio. Oltre a importanti termini e principi di base, imparerai anche, per esempio, come analizzare i circuiti di ingegneria elettrica, cos'è un transistor (bipolare e MOSFET) e come si costruisce un circuito risonante in serie. Vedremo anche cosa succede quando si mette una bobina in un campo magnetico e quali applicazioni pratiche hanno questi principi di base nel nostro mondo moderno.

Questo libro di base si rivolge specificamente a tutti coloro che non hanno nessuna o solo precedenti conoscenze scolastiche in ingegneria elettrica ed elettronica o che hanno già delle conoscenze e cercano una guida pratica e comprensibile sul tema dell'ingegneria elettrica. Non importa che età hai, che professione hai, se sei un allievo, uno studente o un pensionato. Questo libro è per tutti coloro che vogliono o devono occuparsi di ingegneria elettrica ed elettronica.

Lo scopo di questo libro è di darvi una comprensione di come l'ingegneria elettrica ci accompagna nella vita quotidiana e quali sono i principi di base. È un libro che fornisce una comprensione dei circuiti di ingegneria elettrica e anche una comprensione dei componenti più importanti (ad esempio, resistenza, trasformatore, condensatore, diodo, ecc.) in ingegneria elettrica o elettronica. Imparerete anche le basi della tecnologia della corrente continua e della corrente alternata, i loro sfondi fisici e molto altro! Sviluppa una comprensione di base dell'ingegneria elettrica e dell'elettronica!

In questo corso base di ingegneria elettrica imparerai tutto quello che devi sapere come principiante sul mondo dell'ingegneria elettrica e dell'elettronica! Quindi non esitate più, date un'occhiata al libro e prendete la vostra copia in ebook o in brossura!

Tabella dei contenuti

1 Introduzione

Cosa puoi aspettarti in questo libro e cosa imparerai

In questa guida per principianti di ingegneria elettrica, troverete un'introduzione alle basi dell'ingegneria elettrica e dell'elettronica e imparerete in particolare i termini e le quantità di base come corrente, tensione, potenza e la struttura e l'uso di importanti componenti elettronici come resistenze, diodi, transistor, condensatori e molto altro in dettaglio. Come ingegnere, condivido con voi, passo dopo passo, le mie conoscenze derivanti dagli studi e dalla pratica, in modo che possiate ottenere un successo di apprendimento ottimale con basi teoriche da un lato, ma soprattutto con esempi pratici dall'altro.

In questo corso, che si rivolge specificamente ai principianti, imparerete anche come sono costruiti i circuiti elettrici e come possono essere analizzati o risolti. A questo scopo, useremo le regole di Kirchhoff, per esempio, che impareremo a conoscere in dettaglio. Negli esempi di esempio faremo anche alcuni calcoli insieme e conosceremo anche le equazioni matematiche dietro i principi di base dell'ingegneria elettrica in ogni capitolo. A seconda di quanto si vuole approfondire l'argomento, si può anche solo prenderne nota. A parte le equazioni, questo libro offre principalmente un modo facile e comprensibile per iniziare con l'ingegneria elettrica e diventare più familiare con la corrente e la tensione con ogni capitolo.

In breve, questo corso vi insegnerà in dettaglio quanto segue:

- *Termini e quantità di base dell'ingegneria elettrica*
- *Analizzare e risolvere circuiti elettrici*
- *Legge di Ohm, legge di Ampere e legge di Farady*
- *Componenti come resistore, diodo (es. LED), transistor, condensatore, trasformatore... e conoscere il loro funzionamento e le loro aree di applicazione*
- *La differenza tra corrente continua e corrente alternata, e monofase e multifase sistemi (parola chiave: corrente pesante)*
- *Come entra l'elettricità in casa? Conoscere il sistema di approvvigionamento elettrico*
- *Motori a corrente continua e a corrente alternata e la loro costruzione / modalità di funzionamento*
- *e molto di più!*

Siate eccitati! Ci siamo!

2 Fondamenti di elettrotecnica e analisi dei circuiti

2.1 Introduzione all'ingegneria elettrica

L'ingegneria elettrica si basa in gran parte su due quantità fisiche fondamentali che sono già coperte a scuola - cioè la carica e l'energia (lavoro). Andre Ampere fu il primo a scoprire queste proprietà dell'elettricità, che sono utilizzate sotto forma di corrente e tensione per l'analisi dei circuiti elettrici ed elettronici. È importante distinguere tra queste due quantità. Senza entrare nel dettaglio dei principi quantistici relativamente complessi che stanno dietro la natura fisica della carica elettrica e dell'energia (lavoro), in questo libro daremo per scontata questa natura quantistica e ci concentreremo maggiormente sulle applicazioni pratiche. Tratteremo prima le due quantità fondamentali di carica ed energia, così come la differenza - spesso fraintesa - tra corrente e tensione, prima di conoscere la legge di Ohm. I primi capitoli in particolare saranno un po' più asciutti, poiché sono basi teoriche che sono necessarie per i capitoli successivi, quindi tenete duro!

2.2 Dimensioni di base

Le due quantità fondamentali in elettrotecnica sono, come già detto: la carica e l'energia.

La **carica**, misurata in coulombs (C) e descritta dalla lettera Q (o q), è una grandezza fisica che ha la proprietà di sperimentare una forza quando si trova in un campo elettromagnetico. Cosa significa questo e cos'è un campo elettromagnetico? Un campo elettromagnetico è composto da un campo elettrico e un campo magnetico, che sono accoppiati insieme. È una specie di stato dello spazio o un'area in cui sono presenti cariche accelerate. Gli esseri umani non possono percepire i campi elettromagnetici in modo differenziato con i loro organi di senso, ad eccezione della gamma visibile, che tutti percepiscono come luce. Al giorno d'oggi, è difficile immaginare la vita senza campi elettromagnetici. Ogni microonde funziona con le microonde dello stesso nome e anche ogni telefono cellulare funziona con le microonde. Ma di questo parleremo più tardi. Ci sono due tipi di accuse: Il positivo (+) e il negativo (-). Cariche uguali si respingono, cariche disuguali si attraggono. Entriamo in contatto con le cariche nella nostra vita quotidiana più spesso di quanto pensiamo. Chi non conosce gli scricchiolii e i capelli spettinati quando si toglie o si indossa il pullover di lana della nonna. Oppure la piccola scossa elettrica quando si tocca la maniglia di una porta o una parte metallica, se la combinazione tra la suola della scarpa e il rivestimento del pavimento (per esempio suola di gomma e tappeto) è sfavorevole. L'origine di queste esperienze quotidiane sono le accuse. Ogni oggetto ha cariche positive e negative che normalmente sono in equilibrio. Tuttavia, attraverso i processi di attrito quando si mettono i vestiti o si cammina, questo equilibrio di cariche si sposta e si crea una tensione elettrica. Se i capelli si caricano quando si indossa il maglione di lana, o rimangono bloccati da qualche parte o sembrano galleggiare perché si respingono a vicenda. Questo accade a causa della carica uguale o opposta (due cariche uguali si respingono, due cariche diverse si attraggono).

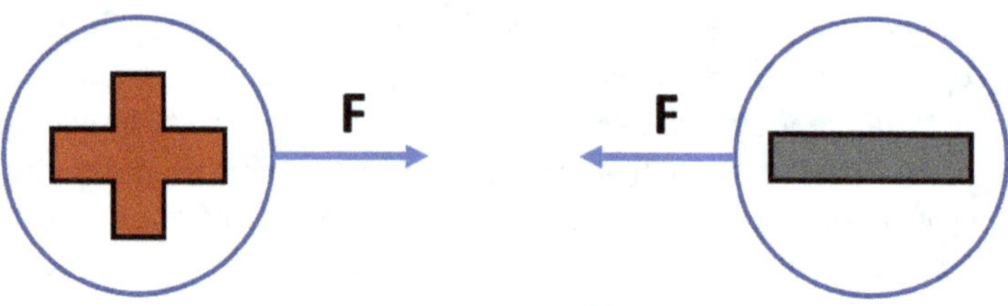

Figura 1: Due cariche disuguali si respingono a vicenda

Tuttavia, la carica non è adatta come quantità per analizzare i circuiti. Per questo abbiamo bisogno della "corrente".

In elettricità, la **corrente I** (unità: ampere = $\frac{\text{quantità di carica trasportata}}{\text{unità di tempo}}$), è definito come cariche in movimento ed è quindi una quantità più pratica. In parole povere, le cariche in movimento sono cariche che vengono spostate o trasportate per unità di tempo, quindi possiamo esprimere matematicamente la corrente come:

$$I(t) = \frac{dQ(t)}{dt} = \frac{C}{s} = \text{Ampere} \qquad\qquad \text{1-1}$$

Uno scalare (per esempio massa, temperatura, ...) è semplicemente una quantità caratterizzata dalla specificazione di un valore numerico. Un vettore, invece (ad esempio la velocità), è una quantità descritta da un valore numerico, un'unità e una direzione. Anche se qui la corrente ha una direzione, non è ancora una quantità vettoriale, ma uno scalare. In termini matematicamente semplificati, possiamo dire che l'addizione di corrente (semplice addizione di particelle, ad esempio 3 + 4 cariche = 7 cariche) non segue le leggi dell'addizione vettoriale, cioè non può essere una quantità vettoriale.

Un'altra quantità nota, la **tensione U** (unità: volt = $\frac{J}{C}$) può essere intesa come il cambiamento di energia (o lavoro W) di una carica in movimento. Quindi, se una carica di 1 coulomb sperimenta un cambiamento di energia di 1 joule, ciò significa che c'è un cambiamento di energia di 1 volt. Chiamiamo anche questa **differenza di potenziale.** Questa differenza di potenziale (o tensione) può essere descritta matematicamente in elettricità come segue:

$$U(t) = \frac{dW}{dQ} = \frac{J}{Q} = Volt \qquad\qquad \text{1-2}$$

Ora, la tensione non dipende dal movimento delle cariche (cioè la corrente). Lo sappiamo perché le cariche non possono fluire senza energia. Allo stesso tempo, però, l'energia può anche essere presente senza causare il flusso di queste cariche. Come possiamo capire questo? Per esempio, immaginate qualcosa di così pesante da non poterlo sollevare. Anche se non potete sollevarlo, state già applicando energia con il solo tentativo. Cioè l'energia è presente, ma non c'è movimento. Allo stesso modo, nell'elettricità, i cosiddetti isolanti e i circuiti aperti hanno tensioni, ma nessuna corrente può fluire attraverso di loro. È anche importante capire che la tensione (U) non dipende dal tempo (t) (vedi 1-2), mentre la corrente (I) dipende dal tempo (t) (vedi 1-1).

In sintesi, si può dire: le cariche in movimento (corrente) richiedono energia

Inoltre, si applica il seguente fatto: se il valore o la quantità ($q = n \cdot e$) di una carica (coulomb) aumenta, è necessaria più energia perché le cariche percorrano la stessa distanza in un secondo. Nella relazione di cui sopra, "n" è il numero di particelle e "e" è la carica di un elettrone. Quindi, all'aumentare del numero, il valore della carica aumenta e serve più energia per percorrere la stessa distanza nello stesso tempo.

2.3 Equazione di potenza e legge di Ohm

Una quantità più generale, la **potenza P** (unità: watt), è definita come lavoro per unità di tempo ed è generalmente più pratica da usare perché include il tempo. La potenza è quindi il lavoro fatto su una carica nell'unità di tempo. In altre parole, possiamo anche definirla come l'energia di un certo numero di cariche (n-cariche) in movimento (corrente):

$$P = \frac{dW}{dt} = \frac{dQ}{dt} \cdot \frac{dW}{dQ} = U \cdot I \qquad \qquad 1\text{-}3$$

Misuriamo la potenza elettrica (P) in J/s, o $V \cdot A$ che è sinonimo dell'unità Watt, dal nome dell'esploratore scozzese James Watt.

L'unità di potenza, come molte altre unità (unità SI), è quindi definita con l'unità di tempo <u>secondo.</u> Nella nostra vita quotidiana, tuttavia, l'unità di tempo <u>ora è</u> spesso più pratica. Pertanto, l'unità usata per l'**energia nella** vita quotidiana è: kWh, che significa 1000 watt per 1 ora. Può essere visto come la potenza (generazione/consumo) per un'ora. 1 kWh è quindi l'energia che un apparecchio con una potenza di 1.000 watt assorbe o emette in un'ora. Per dirla in modo ancora più semplice: Se una lampadina di 20 W funziona continuamente per 50 ore, consuma un'energia di 1 kWh ($20 \cdot 50 = 1000$). Per questa lampadina, 20 W significa il consumo di energia di 20 J in 1 secondo, e 1 kWh significa solo il consumo di 20 W di potenza per 50 ore.

L'interazione di tensione e potenza è una relazione importante nell'analisi dei circuiti elettrici. C'è un'altra importante relazione che vorremmo esaminare brevemente di seguito, in modo da poter risolvere qualsiasi problema di circuito con la combinazione di queste due relazioni.

Immaginate la corrente (I) che scorre in un conduttore sotto l'influenza della tensione (U). In questo scenario, le particelle di carica di questa corrente (I) si scontrano tra loro e talvolta con le pareti del conduttore. Questa collisione di cariche sviluppa una **resistenza R nel** loro flusso (misurata in ohm o Ω), e quando questa resistenza aumenta, le cariche rallentano (diminuzione della corrente). Poiché la tensione U è direttamente proporzionale alla corrente I, la definizione matematica è quindi:

$$V \propto I \Rightarrow U = R \cdot I \qquad\qquad 1\text{-}4$$

"R" è la costante di proporzionalità della corrente e della tensione, "$\propto$" significa direttamente proporzionale.

Ora mettiamo in relazione questa equazione, che è anche chiamata legge di Ohm, con l'equazione della potenza. Per fare questo, basta considerare, per esempio, una lampadina da 200W rispetto a una da 100W. Poiché la lampadina da 200 W logicamente (200W > 100W) ha più potenza, più corrente passa attraverso di essa, e dalla (1-4) si ottiene una resistenza inferiore (1-5). Nel seguito, le frecce indicano un'amplificazione o un'attenuazione delle singole quantità.

$$P \uparrow = U \cdot I \uparrow \; e \; R \downarrow = \frac{U}{I \uparrow} \qquad\qquad 1\text{-}5$$

Questo può essere un po' confuso all'inizio, poiché è difficile immaginare come aumentare la corrente possa ridurre la resistenza. Normalmente, si potrebbe pensare che se la corrente viene aumentata, più particelle **dovrebbero** scontrarsi tra loro e quindi ci dovrebbe essere più resistenza. Ma non è questo il caso! Qui, con l'aiuto di un po' di riflessione su come la corrente è direttamente collegata alla potenza e viceversa alla resistenza, si può sviluppare una buona comprensione di questo.

Prima di guardare il primo circuito, impariamo a conoscere un'altra quantità, la **conduttanza G.** La conduttanza è il reciproco della resistenza. ($G = \frac{1}{R}$). La conduttanza è usata per avere un'idea della conduttività elettrica di un materiale. Conducibilità e resistenza sono termini ombrello perché materiali diversi hanno capacità diverse. Il **valore di resistività** (ρ ; *pronunciato: rho*) e la **conducibilità** ($\frac{1}{\rho}$) sono spesso utilizzati in casi pratici quando è necessaria la resistenza di un certo materiale. La seguente equazione mette in relazione la resistenza con il valore di resistività:

$$R = \rho \cdot \frac{L}{A} \qquad\qquad 1\text{-}6$$

Questa equazione (1-6) afferma fondamentalmente solo che la resistenza di un componente dipende dal valore di resistenza specifico (ρ), che è definito per ogni materiale sotto forma di un valore fisso, e la lunghezza del conduttore così come l'area della sezione del conduttore (ad esempio la sezione del cavo).

Usando le equazioni 1-3 e 1-4, possiamo derivare altre relazioni utilizzando la potenza, mettendola in relazione con la resistenza. Per esempio:

$$P = U \cdot I = U \cdot \frac{U}{R} = \frac{U^2}{R} = \frac{I^2 \cdot R^2}{R} = I^2 \cdot R \qquad \text{1-7}$$

Cos'è un circuito? In parole povere, un circuito è una disposizione di diversi componenti con una connessione elettricamente conduttiva tra questi componenti. Affinché un circuito elettrico o circuito funzioni, c'è bisogno di una fonte di energia / fonte di corrente, ad esempio una batteria e un consumatore, ad esempio una lampadina, così come di collegamenti tra questi due componenti, che sono chiamati conduttori. In elettrotecnica, questi componenti sono rappresentati come simboli in un circuito o in un circuito.

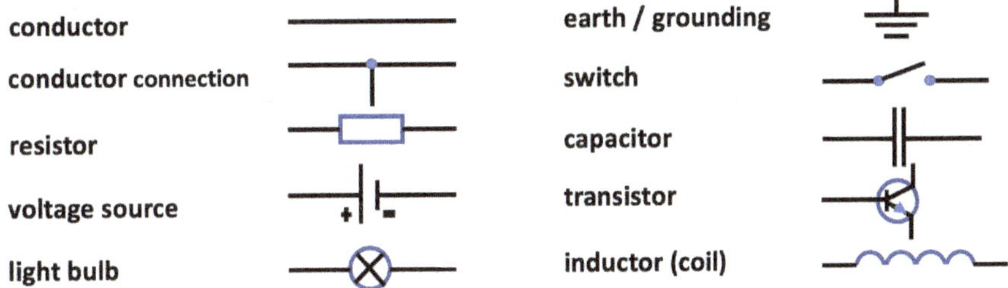

Figura 2: I simboli di circuito più importanti

Affinché una lampada, per esempio, si accenda come mostrato nella figura 3, Il circuito **deve essere chiuso, cioè** ci deve essere una connessione tra i due poli (+ e -) di una fonte di alimentazione (per esempio una batteria) e la lampadina. Se questo è il caso, la corrente scorre da un polo della fonte di alimentazione (ad esempio la batteria) attraverso la lampadina e torna all'altro polo della fonte di alimentazione. Se questa connessione viene interrotta, per esempio da un interruttore, la corrente non scorre più e la lampada non si accende più. In questo caso, si parla di un **circuito aperto**. Un **cortocircuito** si verifica se la corrente può fluire senza ostacoli e senza passare prima attraverso un componente elettrico da un polo della sorgente di corrente all'altro polo (ad esempio attraverso un punto non isolato di un cavo su una superficie metallica). Questo perché la corrente prende sempre il percorso di minor resistenza.

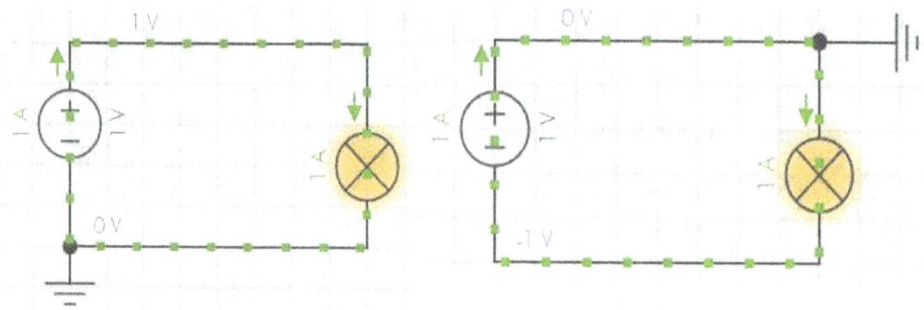

Figura 3: circuiti elettrici con batteria (simbolo + / -) e lampada (giallo)

<u>**Esempio 1**</u>

Qual è la resistenza per una data tensione U = 230 V e una corrente I = 16 A?

Con la legge di Ohm si applica R=U/I:

$$R = \frac{U}{I} \rightarrow R = \frac{230\,V}{16\,A} = 14{,}375\ \Omega$$

Qual è la resistenza per una tensione data U = 230 V ma una corrente sconosciuta? La potenza è di 250 W.

Con una potenza nota (tensione sconosciuta o corrente sconosciuta), si può utilizzare questa combinazione di equazione della potenza e legge di Ohm:

$$R = \frac{U^2}{P} \rightarrow R = \frac{(230\,V)^2}{250\,W} = \frac{52.900\,V^2}{250\,VA} = 211{,}6\,\frac{V}{A} = 211{,}6\ \Omega$$

Nota: se si conosce la corrente invece della tensione, utilizzare: $R = \frac{P}{I^2}$

Nel seguito, vedremo come l'equazione 1-3 può essere utilizzata nell'analisi dei circuiti e le cosiddette leggi di Kirchhoff e poi discuteremo i problemi applicativi del circuito serie-parallelo, che si 1-basano sull'equazione 1-4. Queste due equazioni, come vedremo in seguito, sono la base dell'analisi dei circuiti. Ecco perché era così importante discutere queste equazioni in questa prima sezione. Se non avete ancora compreso appieno queste equazioni di base, è meglio rileggere brevemente la prima sezione in modo da sviluppare una buona comprensione per risolvere i problemi che seguono.

2.4 La convenzione del segno passivo

Prima di avventurarci nell'analisi di alcuni esempi pratici di circuiti elettronici, in questo capitolo ci occuperemo dei segni e della cosiddetta convenzione dei segni. Nell'analisi dei circuiti, gli ingegneri elettrici usano una convenzione di segni (passivi o attivi) per abbinare i segni (cioè + o -) nei calcoli.

La **convenzione del segno passivo** è la convenzione più comunemente usata, quindi la useremo anche in questo libro per analizzare i circuiti. La convenzione del segno passivo afferma semplicemente che **la potenza degli elementi passivi (cioè i componenti che assorbono energia - ad esempio lampade o motori) è positiva ("+" come segno) e degli elementi attivi (cioè i componenti che dissipano energia - ad esempio una batteria o un condensatore che si scarica) è negativa ("-" come segno).** Questo significa che per l'equazione 1-3 ($P = U \cdot I$)che un dispositivo assorbe energia se i segni della tensione e della corrente corrispondono ("+" per "+" risulta in "+"; "-" per "-" risulta anche in "+"). Se i segni della tensione e della corrente sono diversi ("+" per "-" risulta "-"; vale per entrambe le direzioni), un dispositivo emette potenza.

I segni positivi e negativi della tensione e della corrente significano che corrispondono o meno alla **direzione di riferimento**. Questo significa se la corrente e la tensione si stanno muovendo nella direzione del riferimento o lontano da esso. Il riferimento è spesso indicato come **terra** $\bar{\equiv}$ ed è spesso visto anche come il polo negativo elettrico. Il riferimento è come un'origine (con un valore di zero) e serve come punto di partenza nei calcoli. Per illustrare questo, guardiamo un piccolo esempio usando la figura 3 del capitolo precedente.

Nella figura 3 (guardiamo il lato sinistro), per la fonte di tensione rappresentata dal simbolo della batteria, la corrente è *negativa* perché si allontana dal riferimento (massa $\bar{\equiv}$; vedi frecce verdi), cioè in direzione negativa. Perché la corrente scorre in questa direzione? Perché la corrente tecnica scorre sempre da "+" a "-". La tensione, invece, è *positiva perché il* segno negativo della sorgente di tensione corrisponde al riferimento, e quindi la potenza P (= $+U \cdot -I$) è negativo.

Allo stesso modo, per la lampada (un elemento passivo), la tensione è *positiva (coincide* con il riferimento) e anche la corrente è *positiva* (si muove verso il riferimento), e quindi la potenza P (=$+U \cdot +I$) è positivo. La lampada assorbe energia secondo la convenzione. La convenzione del segno passivo è abbastanza intuitiva ed è per questo che viene spesso utilizzata. In termini molto semplici, qui la corrente convenzionale è negativa quando si sposta dal lato negativo al positivo della batteria, il che significa che si sta facendo del lavoro su di essa.

2.5 Analisi dei circuiti DC

In questa sezione tratteremo alcuni metodi comunemente usati (leggi di Kirchhoff, analisi della corrente di maglia, analisi della tensione di nodo) per risolvere i circuiti. Risolvere i circuiti significa calcolare i parametri incogniti e desiderati come tensioni e correnti a partire da valori già noti / dati. Iniziamo prima con i termini del circuito e poi impariamo le singole leggi e metodi in modo intuitivo. In questa sezione, ci occuperemo prima della **corrente continua** (DC). Esiste anche la corrente **alternata** (AC). La differenza tra la corrente continua e la corrente alternata è fondamentalmente che la corrente continua scorre sempre nella stessa direzione. La direzione della corrente alternata, invece, cambia, come vedremo più in dettaglio in uno dei prossimi capitoli. A proposito, esiste anche la cosiddetta corrente **mista,** che risulta da una componente di corrente continua e una di corrente alternata, cioè una sovrapposizione. Tuttavia, non ci occuperemo di questo qui.

2.5.1 Termini nei circuiti

I componenti elettrici possono essere pensati come un tipo di piccolo dispositivo (ad esempio una batteria o un condensatore) che viene trattato come un'entità separata dal resto del circuito. Ogni elemento ha in realtà una certa resistenza propria dovuta al materiale e ai fili che contiene. Tuttavia, usiamo **elementi idealizzati (elementi forfettari)** quando analizziamo i circuiti. Un elemento idealizzato è semplicemente un componente costituito da due terminali che sono così corti che la resistenza attraverso il filo di piombo è zero.

In un circuito elettrico, un **nodo è** un punto che separa due elementi elettrici. Ci sono **maglie o loop** in cui la corrente parte da un punto, segue un percorso circolare e ritorna. Nella figura 4 (capitolo seguente), i punti "A", "B", "C" e "G" (terra) rappresentano i nodi. Allo stesso modo, le correnti "A" e "B" (blu) rappresentano due cicli.

Un elemento può essere **lineare o non lineare**. Un elemento è lineare se segue la legge di Ohm, cioè la relazione corrente-(I)-tensione-(U)- (per esempio un semplice resistore). I dispositivi semiconduttori come i transistor, che conosceremo in uno dei prossimi capitoli, <u>non</u> seguono la legge di Ohm e quindi rientrano nella categoria degli elementi non lineari. In questo capitolo, tuttavia, analizzeremo solo circuiti con elementi lineari.

Un circuito elettrico è composto da **elementi passivi e attivi**, che sono definiti come dispositivi che consumano (es. lampada) o emettono (es. batteria) elettricità. Abbiamo già imparato questo nella convenzione del segno passivo. Alcuni elementi attivi dipendono anche da altre fonti di corrente e sono quindi chiamati **fonti dipendenti. Le** fonti dipendenti sono normalmente utilizzate per l'analisi degli amplificatori e quindi lavorano con un termine di guadagno moltiplicato per la corrente/tensione di una fonte indipendente. Nell'analisi semplice, usiamo solo **fonti indipendenti** e trattiamo gli elementi passivi usando le equazioni che già conosciamo.

2.5.2 Le due leggi di Kirchhoff (KCL e KVL)

Per l'analisi dei circuiti, si fa uso delle leggi di Kirchhoff, che conosceremo in questo capitolo. Come già sappiamo, in un conduttore elettrico la corrente è semplicemente il flusso di cariche. La **legge della corrente di Kirchhoff (KCL)** è ora semplicemente definita come segue: **La somma di tutte le correnti che scorrono in un nodo è sempre zero.** Come possiamo applicare questa legge al nostro circuito di figura 4? Con l'aiuto dell'equazione 1-8, che possiamo facilmente impostare per il nodo "A" come segue: Una corrente I_{CA} scorre dal nodo "C" verso il nodo "A", quindi scriviamo $+I_{CA}$ e due correnti I_{AG} & I_{AB} si allontanano dal nodo "A", quindi aggiungiamo $-I_{AG}$ e $-I_{AB}$. Ora, come avrete notato, in questo libro aggiungeremo il segno positivo alle correnti che si muovono verso i nodi e aggiungeremo il segno negativo alle correnti che si allontanano da un nodo.

$$I_{CA} - I_{AG} - I_{AB} = 0 \Rightarrow I_{CA} = I_{AG} + I_{AB} \qquad \text{1-8}$$

Se riorganizziamo l'equazione 1-8, possiamo anche vedere che la corrente I_{CA} risulta dalla somma delle altre due correnti. Quindi per risolvere questo circuito abbiamo bisogno solo dei valori di queste correnti.

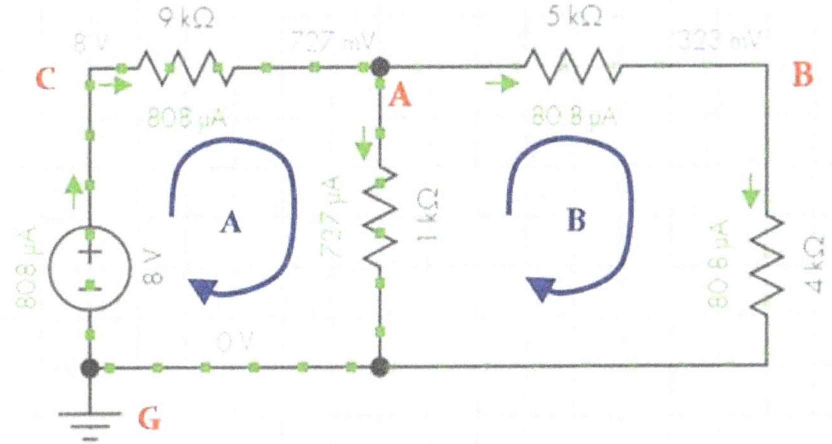

Figura 4: Un circuito con un'alimentazione, quattro resistenze, due loop (blu) e 3+1 nodi (rosso)

La **legge della tensione di Kirchhoff (KVL)** è relativamente simile alla legge della corrente, in termini semplificati è definita come: **La somma delle tensioni in un circuito è sempre zero.** Questo significa che in qualsiasi circuito, la tensione degli elementi passivi si bilancia sempre con la tensione degli elementi attivi, in modo che la loro somma sia sempre zero. Secondo la convenzione del segno passivo, la tensione della sorgente di corrente è definita come negativa. Così, espressa in un'equazione, questa legge di tensione è per il circuito di Fig. 4:

$$U_{CA} + U_{AB} + U_{AG} + U_{BG} - U_{CG} = 0 \qquad \text{1-9}$$
$$\Rightarrow U_{CA} + U_{AB} + U_{AG} + U_{BG} = U_{CG}$$

2.5.3 L'analisi del flusso di rete

L'analisi della corrente di maglia è un metodo che usa la legge di tensione di Kirchhoff (KVL), che abbiamo imparato prima, per risolvere le variabili in un circuito.

Nel nostro esempio, se le correnti di loop sconosciute ("A" e "B" in blu - Figura 4) sono moltiplicate per le resistenze (parola chiave: legge di Ohm), la somma delle tensioni risultanti di tutti gli elementi è uguale a zero. Vediamo questo con un calcolo del nostro esempio:

Esempio 2

Utilizza il metodo della corrente di maglia per <u>determinare</u> tutte le variabili incognite del circuito nella Figura 4, data solo la tensione di origine (8 V) e le resistenze (1, 9, 5 e 4 kΩ).

<u>Loop A:</u>

Qui ci sono tre elementi con due correnti (I_A e I_B) che scorrono attraverso una resistenza da 1 kΩ. Per il ciclo A, a causa della convenzione di segno passivo in questo ciclo, I_A è positivo mentre I_B è negativo, e possiamo impostare l'equazione KVL come segue:

$$-8\,V + I_A \cdot 9\,k\Omega + I_A \cdot 1\,k\Omega - I_B \cdot 1\,k\Omega = 0$$

$$\Rightarrow 10\,k\Omega \cdot I_A - 1\,k\Omega \cdot I_B = 8\,V \qquad (1)$$

<u>Anello B:</u>

$$I_B \cdot 1\,k\Omega - I_A \cdot 1\,k\Omega + I_B \cdot 5\,k\Omega + I_B \cdot 4\,k\Omega = 0$$

$$\Rightarrow 10\,k\Omega \cdot I_B - 1\,k\Omega \cdot I_A = 0 \qquad (2)$$

<u>Risolva (1) con (2) sciogliendo (2) in I_B e sostituendo in (1):</u>

$$I_B = \frac{1\,k\Omega \cdot I_A}{10\,k\Omega} \quad \rightarrow \quad \text{in (1): } 10\,k\Omega \cdot I_A - 1\,k\Omega \cdot \frac{I_A}{10} = 8\,V$$

$$\Rightarrow \frac{100}{10}\,k\Omega \cdot I_A - \frac{1}{10}\,k\Omega \cdot I_A = 8\,V \Rightarrow 9{,}9\,k\Omega \cdot I_A = 8\,V \Rightarrow I_A = 8\,V\,/\,9900\,\Omega \Rightarrow I_A = 0{,}000808\,A$$

$$= 0{,}808\,mA = 808\,\mu A$$

$$\Rightarrow U_{CA} = 808\,\mu A \cdot 9\,k\Omega = 7{,}272\,V$$

<u>e con (2):</u>

$$I_B = \frac{1k\Omega \cdot 0{,}000808\,A}{10\,k\Omega} = 0{,}0000808\,A = 0{,}0808\,mA = 80{,}8\,\mu A$$

$$\Rightarrow U_{AB} = 80{,}8\,\mu A \cdot 5\,k\Omega = 0{,}404\,V$$

$$\Rightarrow U_{BG} = 80{,}8\,\mu A \cdot 4\,k\Omega = 0{,}3232\,V$$

<u>La tensione nella resistenza centrale è:</u>

$$I_{AG} = I_1 - I_2 = (808 - 80{,}8)\,\mu A = 727{,}2\,\mu A$$

$$\Rightarrow U_{AG} = 727{,}2\,\mu \cdot 1\,k\Omega = 0{,}7272\,V$$

Si noti che la somma di tutte le correnti di un nodo è anche uguale a zero. Questo ci aiuta a controllare i nostri risultati. Si assicuri di annotare le unità di misura al momento del calcolo!

2.5.4 L'analisi delle sollecitazioni nodali (analisi nodale)

Possiamo vedere nell'esempio precedente che la tensione di un elemento può essere uguale alla differenza dei suoi nodi di connessione. Per esempio, U_{CA} è uguale a $U_C - U_A = 8\,V - 0{,}7272\,V = 7{,}272\,V$ (vedi anche Fig. 4). Questa affermazione costituisce la base dell'**analisi delle sollecitazioni del nodo**. Nel nostro caso, possiamo scrivere generalizzato:

$$U_{CA} = U_{CG} - U_{AG} = U_G - U_A \qquad\qquad 1\text{-}10$$

Nell'analisi della tensione del nodo, a differenza dell'analisi della corrente di maglia di prima, risolviamo i circuiti usando la legge della corrente di Kirchhoff (KCL). Quando determiniamo le correnti che scorrono in ogni nodo, otteniamo le equazioni del nodo, che poi ci danno i risultati desiderati quando vengono risolte. Per il circuito della figura 4, ci sono tre $(4 - 1 = 3)$ equazioni indipendenti da risolvere. Ci sono 4 nodi, ma escludiamo il nodo di terra "G" perché non è un'equazione indipendente. Queste tre equazioni sono sufficienti per risolvere le tre variabili sconosciute: U_A, U_B e U_C. Queste equazioni per il circuito della figura 4 sono:

Nodo A:	$I_{CA} - I_{AG} - I_{AB} = 0$
Nodo B:	$I_{AB} - I_{BG} = 0$
Nodo C:	$I_{GC} - I_{CA} = 0$

Come potete vedere, abbiamo usato qui la convenzione del segno passivo per i segni dei flussi. Le correnti che si muovono verso i riferimenti (Nodo A, Nodo B e Nodo C) sono positive e le correnti che si allontanano dai riferimenti sono negative. Infine, possiamo usare la legge di Ohm $I = \frac{U}{R}$ e l'equazione 1-10 per risolvere la tensione ai tre nodi. Tuttavia, vedremo come farlo più semplicemente nel prossimo capitolo!

2.5.5 Circuiti equivalenti

Con l'aiuto delle due semplici regole che abbiamo imparato prima, possiamo analizzare qualsiasi circuito elettrico. Ma a volte può essere noioso risolvere un'equazione per ogni circuito, come nel caso del nostro esempio in figura 4. Qui è molto più facile usare circuiti equivalenti. I circuiti equivalenti riducono i circuiti complessi in una forma semplice per facilitare il calcolo. Il circuito della figura 4, per esempio, può essere ridotto a una singola fonte di tensione e a una resistenza. Per questo usiamo i cosiddetti circuiti in serie e in parallelo.

Un circuito in **serie** è un circuito in cui due elementi hanno un nodo comune o, più semplicemente, sono disposti in serie, mentre in un **circuito parallelo ogni elemento** ha due nodi di connessione indipendenti o, più semplicemente, gli elementi sono disposti in parallelo. La figura 4 mostra delle resistenze collegate in serie e in parallelo. A volte può essere difficile giudicare se gli elementi sono collegati in serie o in parallelo. Tuttavia, le definizioni di cui sopra basate sui nodi possono aiutarci ad affrontare tali situazioni.

2.5.6 Proprietà del collegamento serie e parallelo

Se immaginiamo delle resistenze collegate in serie o anche in serie, ogni resistenza impedirebbe il flusso di corrente quando la corrente la attraversa. La resistenza totale o la **resistenza equivalente delle** singole resistenze in un circuito in serie si ottiene quindi sommando le singole resistenze. In un circuito parallelo di resistenze, in parole povere, la corrente si divide in ogni percorso. La somma dei valori di conduttanza (il valore di conduttanza è il reciproco di una resistenza, cioè 1/R) dei singoli percorsi è quindi uguale al valore di conduttanza totale.

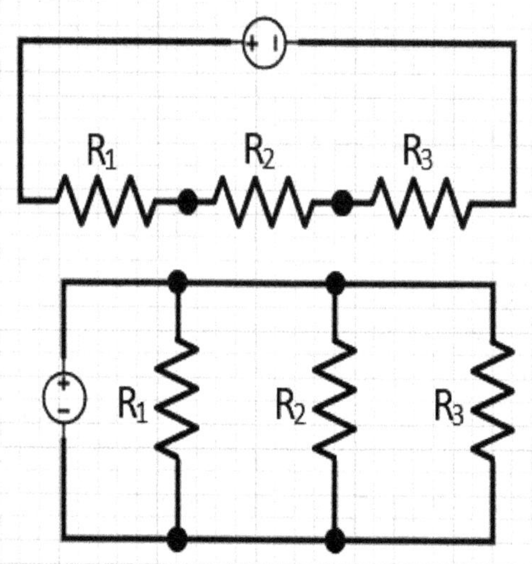

Figura 5: resistenze collegate in serie (in alto) e in parallelo (in basso)

SERIE: $$R_{gesamt} = R_1 + R_2 + R_3$$ 1- 11

PARALLELO: $$G_{gesamt} = G_1 + G_2 + G_3$$ 1 -12

$$\Rightarrow \frac{1}{R_{gesamt}} = \frac{1}{R_1} + \frac{1}{R_2} + \frac{1}{R_3} \; ; \; con \; solo \; due \; resistenze: \frac{R_1 \cdot R_2}{R_1 + R_2}$$

Nel nostro esempio di figura 4, le resistenze con 5 kΩ e 4 kΩ (area a destra) sono collegati in serie tra loro e questa connessione in serie è collegata in parallelo con l'1 kΩ resistenza (gamma media). Inoltre, un 9 kΩ anche la resistenza (in alto a sinistra) è collegata in serie. Con queste formule possiamo ridurre il circuito in figura 4 come segue (nota: || sta per parallelo):

$$R_{totale} = ((5k\Omega + 4k\Omega)||(1k\Omega)) + 9k\Omega = (9k\Omega||1k\Omega) + 9k\Omega$$

$$\Rightarrow (\frac{9\,k\Omega \cdot 1\,k\Omega}{9\,k\Omega + 1\,k\Omega}) + 9k\Omega = 9,9\,k\Omega$$

Moltiplicando le equazioni 1-11 e 1-12 per la tensione, possiamo vedere che **nel circuito serie la tensione si somma, mentre nel circuito parallelo la corrente si somma.** Questo è facile da capire se consideriamo che ogni resistenza riduce l'energia della corrente e la corrente in un circuito parallelo prende percorsi diversi, ma la somma di questi deve corrispondere alla corrente totale, perché alla fine la corrente si divide solo ma non aumenta. Dato che la conduttanza del percorso con la resistenza più bassa è la più alta nel circuito parallelo, più corrente scorre attraverso questo percorso. Se tutte e tre le resistenze sono uguali, una quantità uguale di corrente scorre attraverso tutte e tre. Generalmente, quando si analizza un circuito, come nel circuito parallelo, è più pratico applicare semplicemente le equazioni 1-11 & 1-12 piuttosto che eseguire l'analisi del nodo o della rete. Per fare questo, ridisegna i circuiti e usa la legge di Ohm per le incognite. Guardiamo il seguente esempio per un chiarimento:

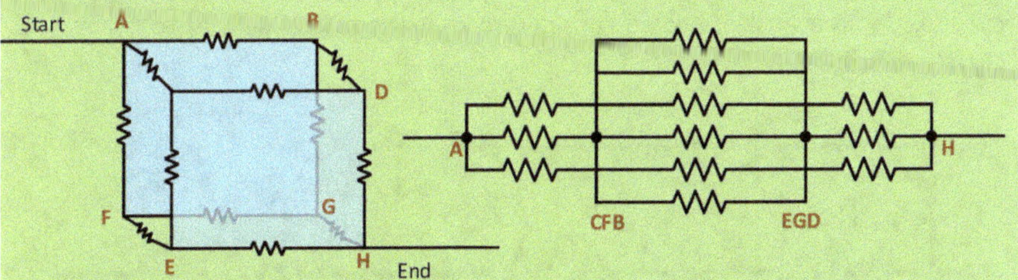

Possiamo convertire questo cubo in un circuito equivalente come mostrato nella parte destra della figura. Ora possiamo vedere che le resistenze sono collegate in serie e in parallelo. Pertanto, possiamo ora impostare le equazioni corrispondenti per la resistenza equivalente (R_{eq}).

<u>Da A-(CFB):</u>

$$\frac{1}{R_{eq_1}} = \frac{1}{R} + \frac{1}{R} + \frac{1}{R}$$

$$\Rightarrow R_{eq_1} = \frac{R}{3}$$

Si noti che per 'n' resistenze collegate in parallelo, l'equivalente è uguale a R/n, poiché la corrente totale è distribuita equamente su ogni percorso

<u>Da CFB-EGD</u>:

$$R_{eq_2} = \frac{R}{6}$$

<u>Da EDG-H</u>:

$$R_{eq_3} = \frac{R}{3}$$

Così vediamo che sono tutti collegati in serie:

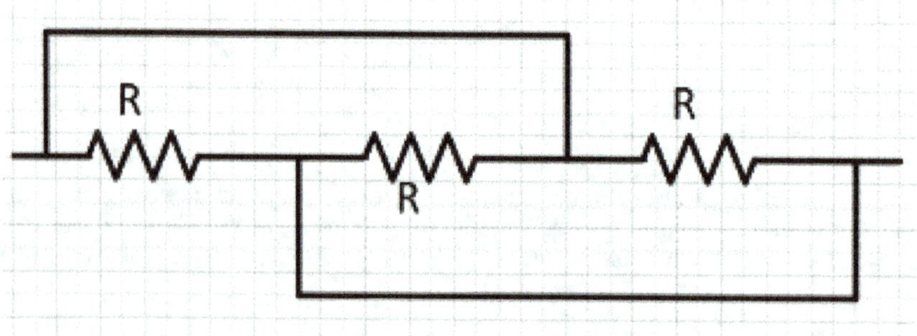

risultati:

$$R_{eq} = R_{eq_1} + R_{eq_2} + R_{eq_3} = \frac{2R}{3} + \frac{R}{6} = \boxed{\frac{5R}{6}}$$

Poiché il circuito nell'esempio precedente è stato ora convertito in un singolo resistore equivalente, possiamo applicare la legge di Ohm ($U = R \cdot I$ o riscritto $R = \frac{U}{I}$ o $I = \frac{U}{R}$) per determinare la tensione o la corrente. Per esempio, se l'alimentazione collegata è di 12 V, allora la corrente è $I = \frac{12V}{\frac{5R}{6}} = \frac{12V}{5R} \cdot 6$. "R" è un segnaposto fittizio per un valore di resistenza.

Questo metodo è abbastanza semplice, ma a volte può essere difficile ridisegnare un circuito. Come esercizio, potete considerare come sono collegate le resistenze del circuito in figura 6.

Figura 6: Come sono collegate queste resistenze?

Non possiamo risolvere tutti i problemi con resistenze equivalenti o sostitutive. Pertanto, è importante conoscere le tecniche di analisi KCL e KVL già presentate. Inoltre, ci sono altri teoremi o anche relazioni che gli ingegneri hanno trovato per facilitare la risoluzione dei problemi. In questa sezione vorremmo conoscere la **regola** dei **divisori di tensione e corrente** prima di passare al prossimo capitolo, l'elettronica. Oltre alla regola del divisore di tensione e corrente, ci sono anche i teoremi di Thevinen, Norton e di sovrapposizione, che sono anche frequentemente utilizzati nell'analisi. Tuttavia, questi sono al di fuori dello scopo di questo libro per principianti e quindi non vengono trattati.

Per familiarizzare con il concetto di regola del divisore di tensione e corrente, considerate il seguente problema: la tensione si divide in un circuito in serie perché le resistenze impediscono l'energia delle cariche che scorrono, ma di quanto si divide se le resistenze hanno valori diversi? Per una semplice serie con resistenze R_1 e R_2 e tensione sorgente U_s, possiamo risolvere questo problema con KVL come segue:

$$R_{total} = R_1 + R_2$$

$$I = \frac{U_s}{R_1 + R_2} = \frac{U_{R_2}}{R_2}$$

Divisore di tensione

$$\Rightarrow U_{R_2} = U_s\left(\frac{R_2}{R_1 + R_2}\right)$$

$$U_{R_1} = U_s\left(\frac{R_1}{R_1 + R_2}\right)$$

1 -13

Allo stesso modo, la corrente si divide in parallelo, e per il divisore di corrente possiamo usare KCL in un nodo di due resistenze $R_1 \parallel R_2$, con corrente I_s. Il risultato è:

Divisore di corrente

$$\Rightarrow I_{R_1} = I_s\left(\frac{R_2}{R_1 + R_2}\right)$$

$$I_{R_2} = I_s\left(\frac{R_1}{R_1 + R_2}\right)$$

1 -14

3 Fondamenti di elettronica

Nel capitolo precedente abbiamo visto le basi, le denominazioni e le relazioni dei sistemi elettrici. Abbiamo discusso le tecniche di analisi di base per i circuiti, come le leggi di Kirchhoff o le regole di maglia e di nodo. Si tratta di elementi di circuito attivo che controllano le variabili (come la corrente) attraverso elementi passivi. In questo capitolo tratteremo le basi dell'elettronica, un campo principale dell'ingegneria elettrica.

Fin dall'inizio, gli esseri umani hanno cercato di sviluppare strumenti che li aiutassero a sopravvivere. Al giorno d'oggi, possiamo facilmente comprare tutto ciò di cui abbiamo bisogno per sopravvivere. La mera sopravvivenza è passata in secondo piano e il desiderio di vivere una vita il più confortevole e felice possibile è venuto in primo piano. Nel frattempo, la nostra società è arrivata a tal punto che abbiamo persino delle macchine per fare compiti ripetitivi in modo automatizzato. Pensate alla vostra lavatrice o alla lavastoviglie, per esempio. Da un semplice interruttore elettrico a un complesso dispositivo di comunicazione (telefono cellulare), la nostra elettronica si è evoluta. L'elettronica riguarda anche il controllo delle cose, che in termini descrittivi possiamo fare manipolando il flusso di elettroni attraverso vari dispositivi in modo analogico e digitale.

Nell'ultimo capitolo abbiamo controllato la corrente attraverso elementi passivi. Per esempio, se abbiamo bisogno di 5 V da una batteria di 12 V, colleghiamo semplicemente due resistenze di 1 kΩ e 715 Ω in serie. Ormai possiamo calcolarlo abbastanza facilmente con l'equazione 1-113.

Nell'elettronica analogica, usiamo elementi passivi per il controllo. Tuttavia, può essere difficile - a seconda delle esigenze - progettare circuiti in modo solo analogico. Qui è un vantaggio che un dispositivo elettronico equivalente di un circuito analogico può anche essere progettato in modo digitale. La base dell'elettronica digitale è costituita da semplici operazioni di commutazione. Il computer è uno dei migliori esempi di queste operazioni di commutazione e dell'elettronica digitale. Le applicazioni che ci offre un computer moderno si ottengono per mezzo di operazioni di commutazione effettuate da milioni di transistor. In questo capitolo ci occuperemo principalmente di tali dispositivi di commutazione. Tuttavia, in questo capitolo esamineremo brevemente anche i condensatori e gli induttori per la progettazione di circuiti analogici.

L'invenzione della radio alla fine del XIX secolo è generalmente considerata come l'inizio dell'era elettronica. La tecnologia della radio ha utilizzato per la prima volta le onde elettromagnetiche in un modo molto specifico, cioè per la comunicazione. Più tardi, dopo l'invenzione dei transistor nel 1947, è emersa l'era delle applicazioni controllate digitalmente (per esempio i computer). Nel mondo di oggi, l'elettronica continua ad espandersi - ogni anno vengono sviluppati circuiti più compatti con maggiore potenza di calcolo ed efficienza, portando ad un mondo più controllato e automatizzato. Le applicazioni dell'elettronica sono ormai innumerevoli e le troviamo ovunque, nelle nostre case, nelle strade e negli uffici. Molti componenti elettronici si combinano per creare una grande varietà di dispositivi, come telefoni cellulari, tablet, televisori ma anche semplici lampioni. È difficile immaginare il mondo tecnologico di oggi senza l'elettronica.

In questo capitolo copriremo prima le basi dell'elettronica e poi avremo un'introduzione a componenti specifici come diodi, transistor e altro.

3.1 Fondamenti dei semiconduttori

Le basi seguenti possono andare un po' più in dettaglio e possono essere un po' più difficili da capire quando si leggono per la prima volta e a seconda delle conoscenze precedenti. Tuttavia, è utile aver sentito almeno una volta i termini importanti (in grassetto) in relazione ai semiconduttori. Non c'è da vergognarsi se non si capisce tutto o solo un po' alla prima lettura. Basta leggere queste sezioni due o tre volte e continuare, seguiranno altri esempi pratici nei capitoli successivi.

Nella meccanica quantistica, si descrivono gli elettroni in un atomo, distribuiti in **gusci**. I gusci sono classificati da un numero chiamato **numero quantico principale.** Ogni guscio ha i suoi **sottogusci** in cui gli elettroni hanno lo stesso **numero quantico principale** (sempre descrivendo i sottogusci). Ogni elemento della tavola periodica ha un diverso numero atomico e quindi un diverso numero di elettroni. Ogni elettrone in un atomo ha il suo stato energetico. Quando un elettrone è eccitato, si sposta in un guscio di energia superiore dell'atomo (**modello atomico di Bohr** e **teoria della banda di energia**). Gli elettroni del guscio occupato più esterno (guscio di valenza) hanno la più alta energia rispetto agli altri gusci. Quando la temperatura aumenta o un certo potenziale viene applicato a un elemento, gli elettroni nella banda di valenza vengono eccitati e si spostano a un livello superiore/banda di conduzione. Qui è dove la corrente inizia a scorrere. Gli elettroni di valenza dei diversi elementi hanno bisogno di diverse quantità di energia per essere eccitati fuori dalla banda di valenza.

Gli atomi con meno legami nel loro guscio di valenza sono quelli più conduttivi. In una certa misura, questo dipende anche da proprietà come l'energia di ionizzazione, l'elettronegatività e il raggio atomico degli elementi. Gli elementi del gruppo 11 della tavola periodica hanno solo 1 elettrone nel loro guscio di valenza, quindi anche se hanno un'alta energia di ionizzazione e un piccolo raggio, sono più conduttivi. Nel gruppo 11, l'argento è più conduttivo del rame perché ha un grande raggio. L'oro, invece, è meno conduttivo a causa della sua alta energia di ionizzazione (IE). Il silicio (Si), per esempio, è usato per i semiconduttori.

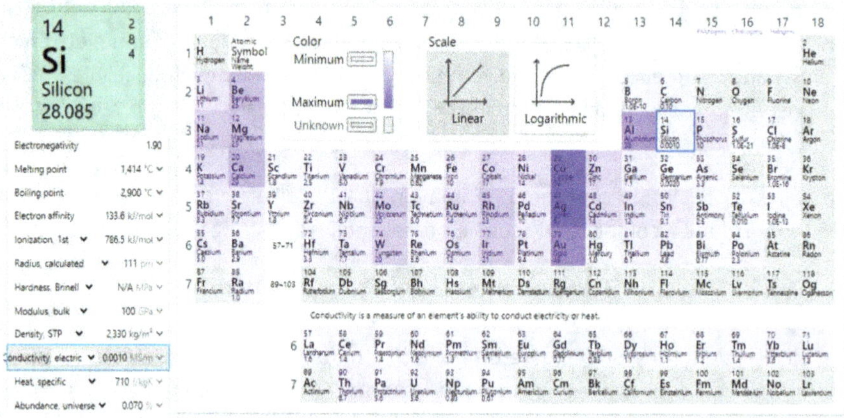

Figura 7: Proprietà del silicio (Si) (sinistra)
Tavola periodica in scala con la conduttività degli elementi (destra); (Fonte: https://ptable.com)

Gli elementi semiconduttori appartengono al gruppo IVA della tavola periodica, quindi hanno quattro elettroni nel loro guscio più esterno. Gli elettroni di valenza formano normalmente quattro legami covalenti con gli atomi di silicio vicini, dando luogo a un reticolo a forma di cristallo, poiché l'energia di ionizzazione aumenta con il periodo e diminuisce dall'alto verso il basso. Gli elementi semiconduttori si trovano tra questa tendenza. Così, a differenza dei conduttori e degli isolanti, lasciare la banda di valenza non è né troppo facile né troppo difficile per i semiconduttori. Questo significa che possono condurre l'elettricità, ma a differenza dei conduttori, gli elettroni dei semiconduttori non creano troppe turbolenze quando viene applicato un potenziale. Così, invece di un guadagno in resistenza, i semiconduttori aumentano in conduttività.

3.1.1 Drogaggio dei semiconduttori

Ogni volta che un elettrone del guscio di valenza (elettrone del guscio occupato più esterno) del reticolo superficiale del silicio lascia la banda di valenza, al suo posto nell'atomo si forma un buco (carica positiva). Se ora applichiamo un potenziale elettrico, gli elettroni passano da un potenziale basso a uno alto, mentre i buchi fanno esattamente il contrario. Nei semiconduttori, la corrente totale è semplicemente la somma delle correnti di elettroni e di buchi.

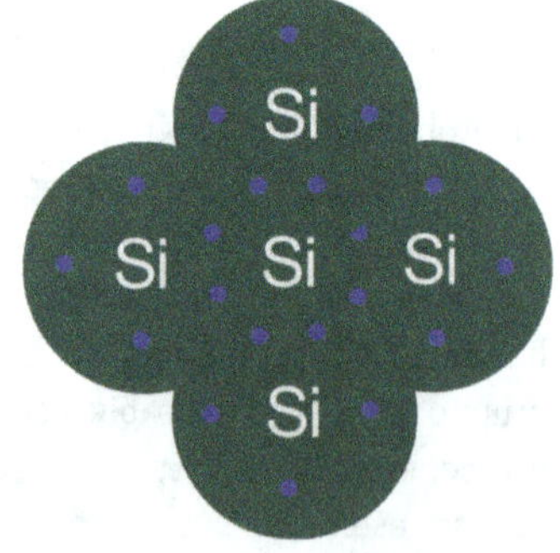

Gli elementi semiconduttori **intrinseci** (puri / non drogati) hanno solo pochi elettroni e quindi non possono rilasciarne troppi nella banda di conduzione. Il reticolo cristallino del silicio (vedi figura in alto a destra) è una struttura perfettamente legata, cioè per liberare alcuni elettroni dalla banda di valenza alla banda di conduzione, è necessaria più energia. Per ottenere più elettroni o buchi liberi, si usa spesso il **drogaggio** di elementi semiconduttori. Possiamo ottenere un elettrone libero in più legando ogni elemento di Si con un atomo del gruppo VA (5 elettroni di valenza), come il fosforo (cosiddetto atomo **donatore anche atomo donatore / atomo donatore**). Questo è chiamato **drogaggio di tipo n** perché in questo caso si ottiene una maggiore carica negativa. La figura 8 (a destra) mostra il drogaggio di tipo n. Qui vediamo un elettrone libero in più lasciato dal fosforo, lasciando uno ione positivo. Questo elettrone agisce come portatore di carica libera e si sposta dove il potenziale lo porta.

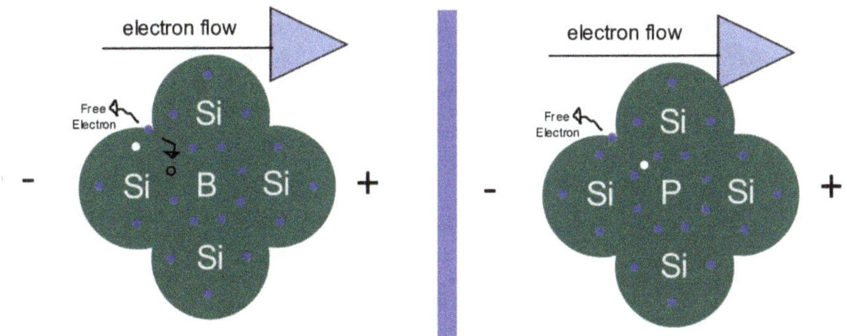

Figura 8: Struttura atomica di Si sotto potenziale (tensione).
sinistra: drogaggio di tipo p - l'elettrone libero del silicio riempie il foro del boro e abbassa la conduttività destra: drogaggio di tipo n - l'elettrone aggiuntivo del fosforo aumenta la conduttività.

Se ora colleghiamo questo silicio con un atomo del gruppo IIIA della tavola periodica (3 elettroni di valenza), come il boro (atomo **accettore / ricevitore**), si genera più carica positiva. Questo è chiamato **drogaggio di tipo p.** Qui, i buchi agiscono come portatori di carica libera perché c'è solo un numero limitato di elettroni.

Gli elementi semiconduttori drogati sono generalmente indicati come semiconduttori **estrinseci** (impuri). Un semiconduttore intrinseco ha lo stesso numero di elettroni e di buchi. $(n = p)$ mentre il tipo n ha una predominanza di elettroni e il tipo p ha una predominanza di buchi. Se combiniamo questi due (tipo n e tipo p), il numero di elettroni e di buchi diventa di nuovo uguale. Questa combinazione di semiconduttori di tipo donatore e accettore è chiamata **giunzione PN.**

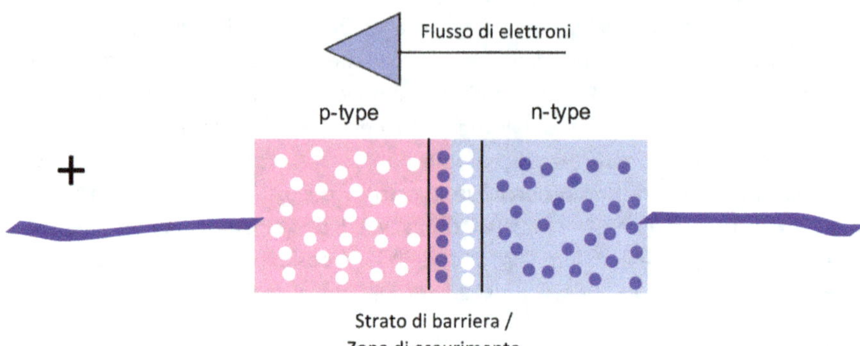

Figura 9: Diodo (semiconduttori drogati di tipo n e p combinati) collegato all'alimentazione. Buchi liberi (bianco) & elettroni liberi (blu)

3.1.2 Il diodo a giunzione PN

La combinazione di questi due tipi di semiconduttori (p-type, n-type) ha una proprietà importante. Per renderlo più facile da immaginare, si può guardare il flusso di corrente Figura 9. In primo luogo, immaginate i buchi liberi degli atomi donatori (tipo p) che si muovono verso gli elettroni di tipo n. Quando questi si riuniscono nella regione di tipo n, respingono più buchi, il che crea una resistenza nel flusso dei buchi verso gli elettroni liberi di tipo n. Allo stesso modo, anche gli elettroni liberi di tipo n creano questa resistenza quando passano dal tipo n al tipo p. Una volta raggiunto l'equilibrio, si crea un gradiente chiamato **zona di esaurimento/giunzione o zona di carica spaziale (RLZ)**, che ferma il flusso di elettroni e buchi tra le regioni.

Nella tua immaginazione, ora collega il tipo p / anodo al polo positivo della batteria e il tipo n / catodo al polo negativo (come mostrato nella figura 9). L'aumento del potenziale fa sì che più elettroni di tipo n entrino nella banda di conduzione. Quando questa massa di elettroni scorre verso il terminale positivo della batteria, sfonda la giunzione (zona di esaurimento) e inizia il flusso di corrente nel circuito. Questa condizione è chiamata bias in avanti **("forward bias")**. La rottura di questa zona di deplezione/giunzione per la polarizzazione in avanti richiede 0,7 V per i semiconduttori di silicio e 0,3 V per i semiconduttori di germanio.

Collegando il polo negativo al tipo p e il polo positivo al tipo n, d'altra parte, non rompe mai la barriera (giunzione), ma la rende più ampia. In questo caso, nessuna corrente può scorrere. Questo è chiamato **bias inverso / direzione inversa ("reverse bias").** Con la polarizzazione inversa, la corrente non scorre mai. Tuttavia, un grande aumento di tensione può rompere l'intera giunzione in un punto, che è chiamato **tensione di rottura**. Le curve avanti e indietro sono mostrate nella Figura 10. Qui la tensione è sull'asse x (orizzontale) e la corrente è sull'asse y (verticale). Il rapporto tra corrente e tensione nella marcia avanti (forward bias) e nella marcia indietro (reverse bias) può quindi essere letto qui.

Questa giunzione PN è comunemente conosciuta come **diodo** ed è spesso usata in ingegneria per il controllo perché **permette alla corrente di fluire solo in una direzione** (direzione avanti) e la blocca nell'altra.

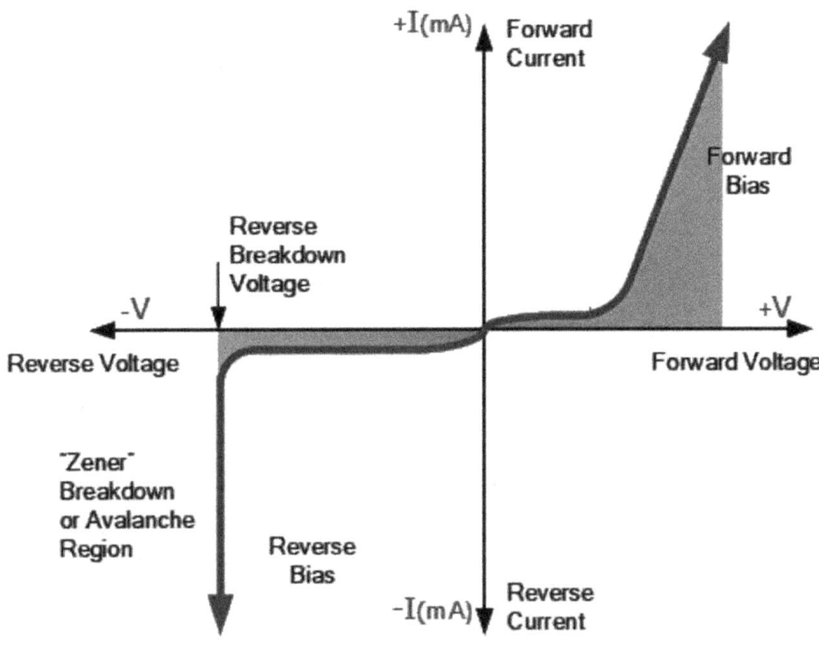

Figura 10: curva caratteristica della marcia avanti e indietro

3.1.3 Il diodo ad emissione di luce (LED)

L'applicazione più semplice di un diodo è il LED. Il LED (diodo ad emissione di luce) è un dispositivo semiconduttore che produce luce quando viene alimentato. La luce viene prodotta quando la corrente passa da una fonte di corrente continua al diodo e attraverso di esso. Poiché un LED è un dispositivo a semiconduttore, ha anche una direzione in avanti. Questo significa che la corrente può fluire attraverso di essa solo in quella direzione. Se un LED è collegato in modo errato, non verrà prodotta alcuna luce. Il colore della luce e il fatto che sia visibile o meno (per esempio infrarosso; generalmente determinato dalla lunghezza d'onda) è controllato dal drogaggio e dal materiale usato. Due grandi vantaggi dei LED sono: a) la loro lunga durata, b) il loro basso consumo energetico. Rispetto alle vecchie lampade a incandescenza, un LED può raggiungere una durata di vita di diverse 10.000 ore e ha un'efficienza molto migliore. Perché è così? Le lampade a incandescenza convenzionali producono un'enorme quantità di calore oltre alla luce visibile, cioè l'energia spesa non è solo convertita in luce ma principalmente in calore. Con i LED, solo un po' di calore viene prodotto come "scarto o sottoprodotto" e quasi tutta l'energia può essere utilizzata per produrre luce. Ora ci sono diversi tipi di LED. Il design più semplice è mostrato nella figura 11. Il cuore e anche l'effettivo elemento semiconduttore del LED mostrato è il chip del LED, che è posto su un riflettore sull'anodo ed emette la luce. Il simbolo del circuito di un LED consiste nel simbolo del circuito del diodo con due frecce oblique aggiuntive per rappresentare l'emissione di luce.

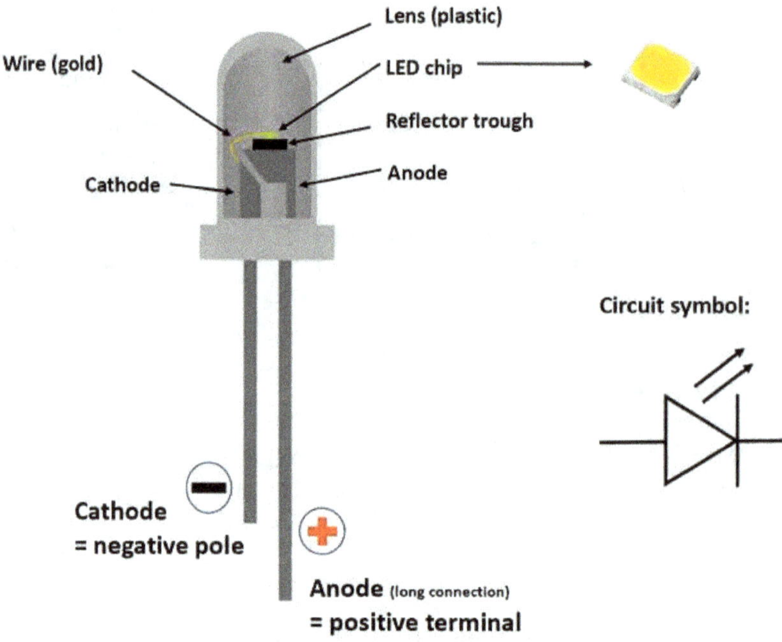

Figura 11: La struttura di un semplice LED e il simbolo del circuito di un LED

3.1.4 Risolvere i circuiti con i diodi

Per risolvere un circuito con diodi, ora possiamo semplicemente pensare al diodo come a un componente del circuito e poi usare KCL e KVL (regole di Kirchhoff, vedi capitoli precedenti) per risolvere le variabili sconosciute. Basta pensare a un diodo come a un componente che assorbe una certa quantità di tensione (volt) (nel caso del silicio, questo è 0,7 V), e applicare KVL per la corrente. Ciò significa che la tensione di uscita di un diodo Si collegato a un'alimentazione di 5 volt sarà di 4,3 V. Nei casi complessi, tuttavia, le soluzioni non sono così semplici come descritte in questo libro per principianti, perché i diodi hanno alcune altre proprietà che non sono spiegate in dettaglio qui, ma sono solo brevemente menzionate di seguito. Per esempio, c'è una **corrente di saturazione, che** dà informazioni sul flusso di carica nella direzione inversa, e una **capacità di giunzione,** che è definita come la capacità che si crea tra le piastre quando sono invertite. Parametri come questi sono importanti quando si simulano complessi circuiti pratici con diodi.

3.2 Raddrizzamentoe uso di un diodo

Oltre ai LED, ci sono molte altre possibili applicazioni di un diodo. Prima di entrare nei dettagli di importanti dispositivi a semiconduttore come i transistor bipolari (BJT) e i MOSFET (metal oxide semiconductor field effect transistors), è importante capire il ruolo del diodo nel mondo dell'elettronica: I diodi sono usati soprattutto per la rettificazione, cioè la conversione della corrente alternata in corrente continua. Tuttavia, gli usi di un diodo non si limitano alla rettificazione. Possiamo anche usarli per la misurazione della temperatura, per la riproduzione del suono nelle radio, come già noto per la generazione di luce (LED) e molto altro. I diodi sono uno degli elementi di base dell'elettronica e si possono trovare in quasi tutte le applicazioni che ci circondano (per esempio, i diodi sono usati anche nei telefoni cellulari per raddrizzare le onde radio modulate).

3.2.1 Raddrizzatore a semionda

Come già sappiamo, un diodo permette alla corrente di fluire solo in una direzione (avanti) e blocca il flusso nella direzione inversa. Questo accade perché più portatori di carica vengono aggiunti a questa zona di esaurimento nella direzione inversa (invece di sfondare la giunzione come nella direzione in avanti) e questa zona diventa più ampia come risultato. Così, quando un segnale oscillante passa attraverso un diodo, il diodo restituisce solo la metà di questo segnale d'ingresso (la parte negativa del segnale è tagliata). Questo è chiamato raddrizzatore a mezza onda. Vediamo un esempio pratico di questo:

Quando un'onda quadra digitale (vedi Figura 12, sopra) passa attraverso un diodo, il diodo permette solo il flusso della metà positiva. La figura 12 (sotto) mostra anche il circuito e la sua forma d'onda associata nella zona prima e dopo il diodo. Qui è stato utilizzato un generatore di onde quadre con una frequenza di 1 kHz e un'ampiezza tra 1 V e -1 V. Possiamo vedere questa forma d'onda nell'onda viola (parti positive e negative) della figura. Quando quest'onda passa attraverso il diodo, il diodo annulla i valori negativi ed emette l'onda verde (solo parti positive da 0 V a 1 V).

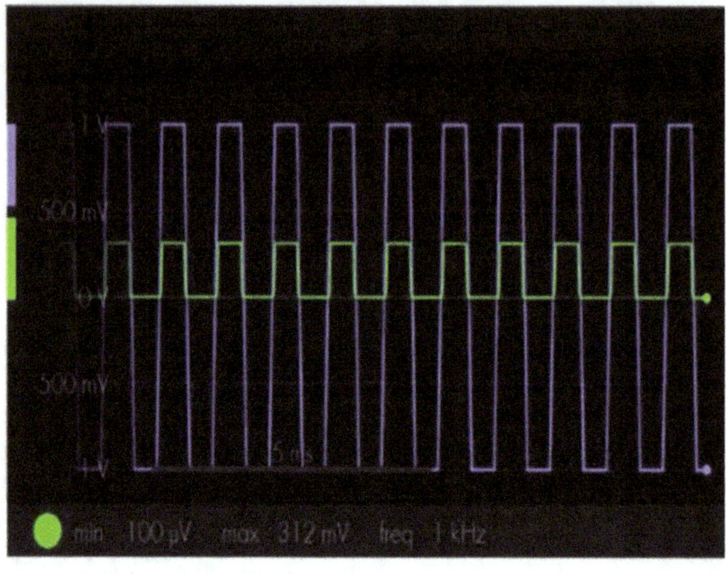

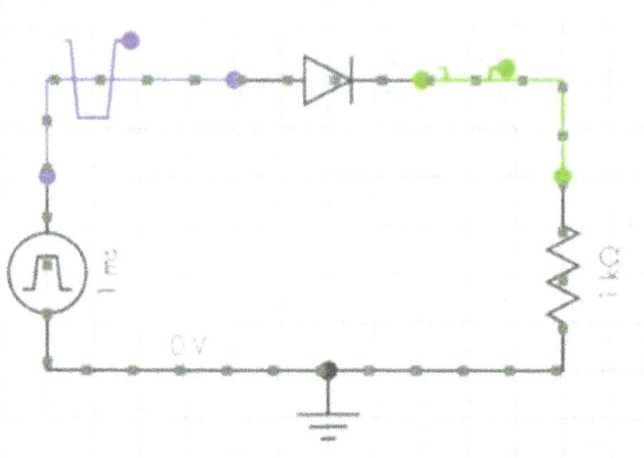

Figura 12: raddrizzatore a semionda. L'onda quadra viola è l'ingresso e l'onda quadra verde è l'uscita

3.2.2 Raddrizzatore a onda piena

È possibile convertire la metà negativa tappata del raddrizzatore a onda singola appena presentato in una metà positiva. Questo è chiamato raddrizzamento a onda intera. A questo scopo, si utilizza un circuito con quattro diodi collegati a ponte, quindi talvolta chiamato **raddrizzatore a ponte (diodi)**. La figura 13 mostra lo schema (sotto) di questo circuito e il segnale di uscita (sopra). L'onda viola è la prima semionda raddrizzata e l'onda verde è la seconda semionda invertita. Il raddrizzamento a mezza onda (capitolo precedente) è importante perché possiamo usarlo per bloccare una direzione, ma anche il raddrizzamento a onda intera ha un'applicazione. Con un semplice condensatore di filtro, possiamo convertire questa onda viola e verde in un'onda pura DC (vedi figura 14). Così qui abbiamo creato un convertitore da AC a DC, simile a un UPS (gruppo di continuità) per caricare le batterie dalla rete AC. La maggior parte delle applicazioni sono nel campo dell'elettronica di potenza.

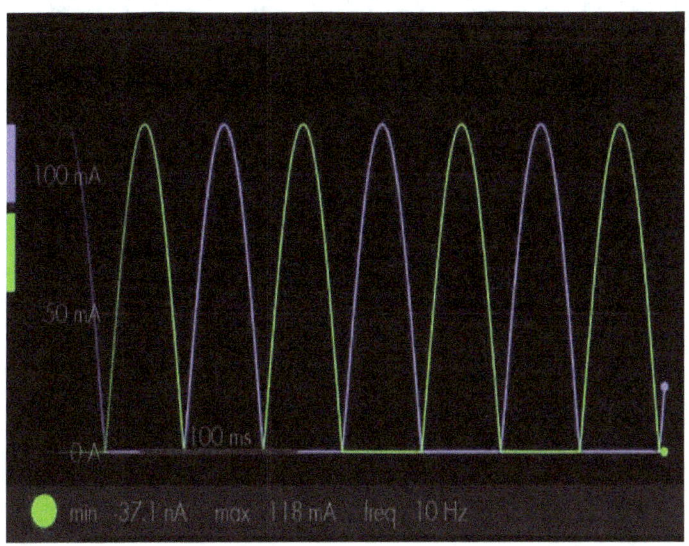

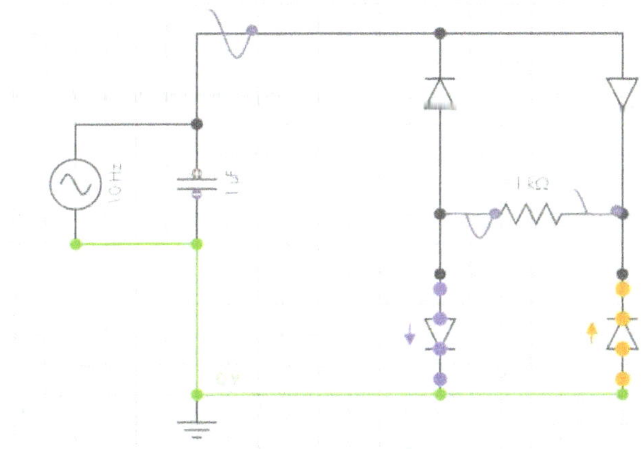

Figura 13: Raddrizzatore a onda intera - due onde (viola e verde) sul lato di uscita

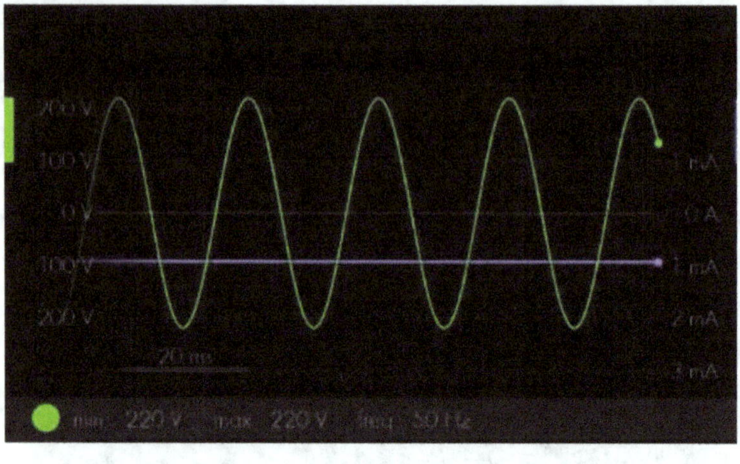

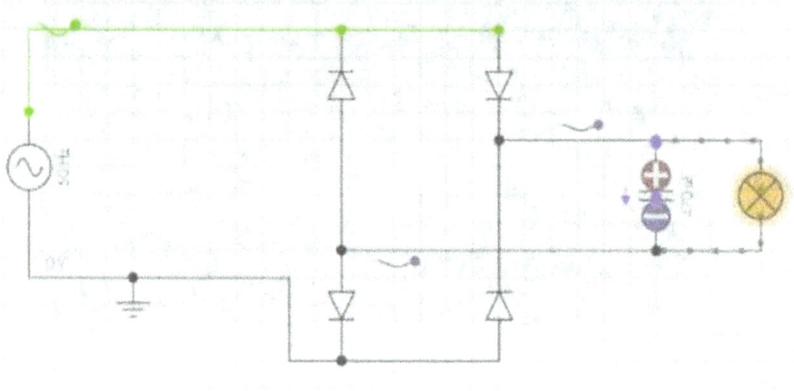

Figura 14: Raddrizzatore a ponte con condensatore di filtro e uscita DC pura (onda verde)

3.3 Cos'è un transistor?

Un transistor è un semplice componente a tre terminali che è meglio pensare come una valvola che controlla il flusso dell'acqua in una pompa. Se giriamo la rotella di comando della valvola in una certa direzione, cioè aperta, il flusso d'acqua aumenta e se la giriamo nell'altra direzione, cioè chiusa, il flusso diminuisce. La valvola, nel caso del transistor, sarebbe composta da diodi e l'acqua sarebbe la corrente. L'elettronica in generale, semplificata, ha molto a che fare con elementi di commutazione e anche i transistor si comportano come un interruttore. Oltre a questa capacità di commutazione, i transistor hanno anche la proprietà di amplificazione, che sarebbe equivalente a cambiare il rapporto della valvola per la quantità di acqua in uscita. Questa proprietà di amplificazione è particolarmente importante nel mondo dell'elettronica. Nei sistemi analogici, usiamo l'amplificatore operazionale (OP amp;

amplificatore accoppiato in CC) per questo scopo, e con l'aiuto dei transistor, un elemento equivalente a questo può essere ottenuto anche nei sistemi digitali. Ci sono diversi tipi di transistor, uno dei più semplici è il transistor bipolare (**BJT**). Discuteremo anche il transistor a effetto di campo (**FET**) e il transistor a effetto di campo a semiconduttore di ossido metallico (**MOSFET**). Tutti i tipi di transistor hanno le loro proprietà speciali e sono utilizzati in diverse applicazioni.

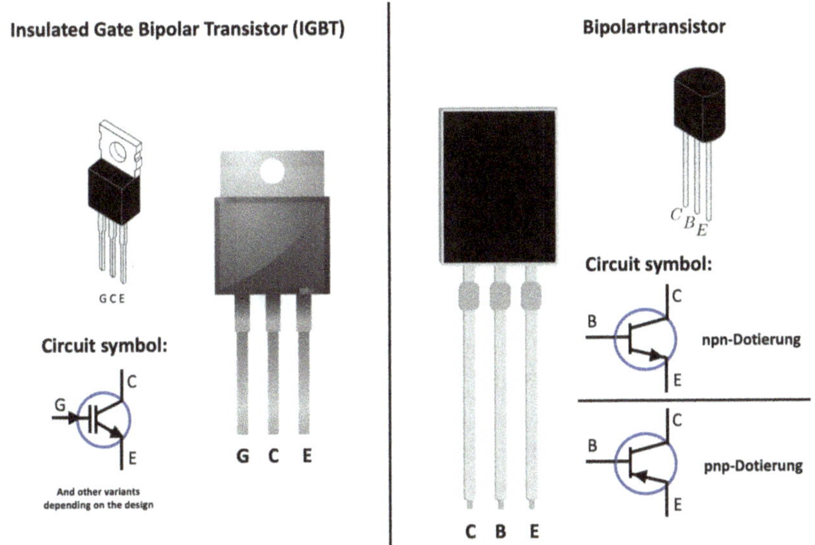

Figura 15: Due varianti di transistor con le loro connessioni e i simboli del circuito (a sinistra: IGBT e a destra: transistor bipolare)

3.3.1 Il transistor bipolare (BJT) - Nozioni di base

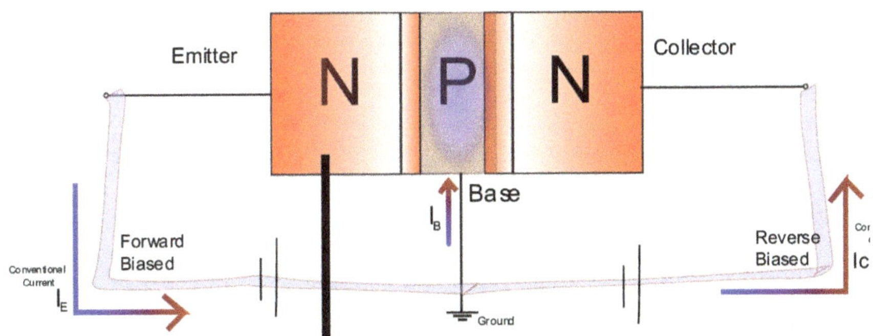

Figura 16: transistor bipolare npn in funzionamento normale

Una giunzione PN è una combinazione di semiconduttori a doppio drogaggio. Quando abbiamo tre giunzioni combinate in modo sequenziale, otteniamo un dispositivo con proprietà molto speciali. Una tale costruzione con due diodi combinati è comunemente chiamata transistor bipolare "Bipolar Junction Transistor" (BJT). A causa della doppia giunzione, è possibile formare un BJT in due modi: una volta con due elementi drogati N **(NPN)** e una volta con due elementi drogati P **(PNP)**. Il **normale effetto transistor** (flusso di corrente di base) si verifica quando una di queste giunzioni è polarizzata in avanti e l'altra inversa (Figura 16). La regione centrale, che si trova tra due regioni altamente drogate, è chiamata **base (B)** e delle altre due regioni, una è chiamata **emettitore (E)** e l'altra è chiamata **collettore (C)**. In generale, l'emettitore è una giunzione dove la giunzione è polarizzata in avanti e il collettore è la giunzione dove abbiamo una giunzione polarizzata inversa con la base. Un punto importante da notare qui è che la base a sandwich non è altamente drogata (ecco perché nella figura 16 la base è mostrata più piccola delle altre due regioni). È questa base leggermente drogata che rende il transistor un componente speciale. Proprio come con la valvola, ora possiamo controllare una grande corrente di collettore con questa base.

La teoria dietro i BJT è semplice, soprattutto se sappiamo come funziona una giunzione PN. Nel nostro caso, assumiamo un transistor NPN-BJT (Figura 16). Quando colleghiamo la prima regione di base dell'emettitore NP in direzione avanti, gli elettroni liberi da N attraversano la giunzione e fluiscono verso la regione P. Poiché la base è solo leggermente drogata, alcuni di questi elettroni si collegano ai buchi, completando il circuito, mentre gli elettroni rimanenti rimangono sul posto. Se poi colleghiamo un'altra alimentazione al collettore della base in modo che la giunzione vada in tensione inversa, gli elettroni rimanenti continuano così il loro flusso dalla base attraverso il collettore e poi scorrono verso questa alta tensione.

La corrente si divide in base e collettore partendo dall'emettitore. Se aumentiamo la corrente di base (cioè più elettroni si collegano ai fori P in un periodo di tempo considerato), più elettroni rimanenti fluiscono effettivamente al collettore (in un periodo di tempo considerato). Ricordate queste due semplici affermazioni: per risolvere i problemi possiamo applicarle bene. Di seguito ci sono alcune importanti relazioni matematiche per i PIF:

$$I_E + I_B = I_C \qquad \text{2-1}$$

α indica la qualità del transistor

$$\alpha = \frac{I_C}{I_E} \qquad \text{2-2}$$

β è il guadagno (fattore di amplificazione)

$$\beta = \frac{I_C}{I_B} \qquad \text{2-3}$$

Un alto valore α di un transistor dice che scorre relativamente meno corrente di base, perché in questo caso la corrente di collettore si avvicina alla corrente di emettitore. In pratica, il valore di α è tra 0,95-0,99 (transistor di segnale a bassa potenza) e idealmente dovrebbe essere 1. Allo stesso modo, il valore β ha di solito un valore di 100-150. Questo β sta per il guadagno dei BJT ed è quindi chiamato anche fattore di guadagno.

Generalmente, i BJT sono usati in tre **configurazioni** chiamate base comune (**CB**), emettitore comune (**CE**) e collettore comune (**CC**). Il comune è legato al riferimento o alla terra. Per un guadagno (β), usiamo la configurazione CE perché la tensione di uscita (U_{CE}) deriva dal guadagno dell'ingresso (U_{BE}). Allo stesso modo, altre configurazioni hanno alcuni casi d'uso speciali. Per controllare il livello della tensione di polarizzazione (corrispondente ai parametri di uscita del circuito) si utilizzano circuiti chiamati solitamente **circuiti di polarizzazione.** Qui usiamo alcune resistenze per controllare il livello della tensione di bias. Per progettare circuiti con transistor, i valori di queste resistenze devono essere impostati sui parametri desiderati.

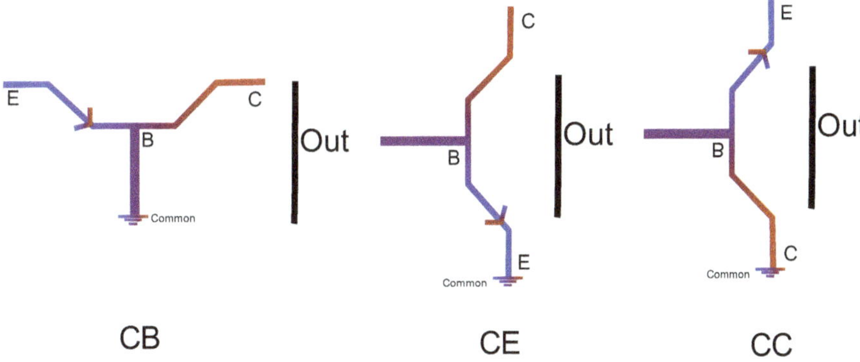

Figura 17: configurazioni BJT

3.3.2 Il transistor a effetto di campo a giunzione (JFET) - Nozioni di base

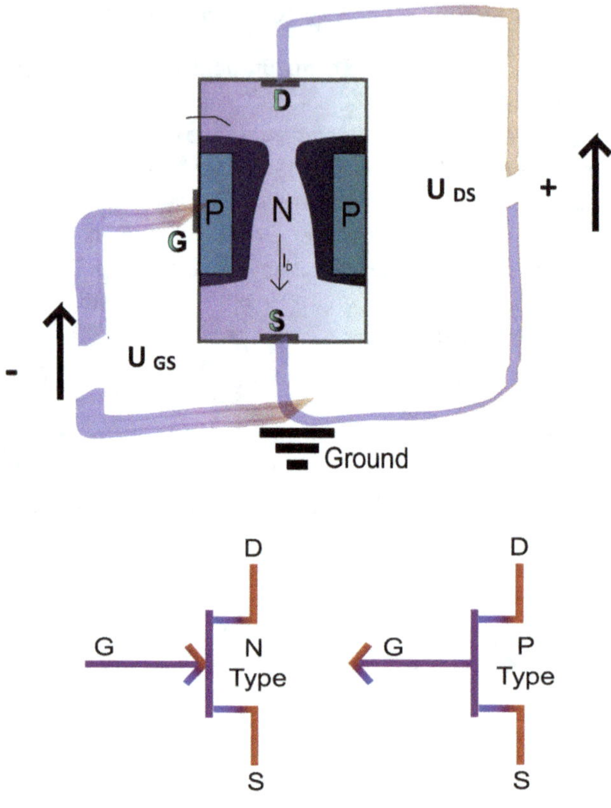

Simbolo di commutazione

Figura 18: npn-JFET: simboli e funzionalità

Il **transistor a effetto di campo a giunzione (JFET)** è anche un dispositivo a transistor a tre terminali la cui corrente è controllata dal terzo terminale, chiamato gate. Gli altri due terminali in questo contesto sono chiamati **source** (afflusso) e **drain** (deflusso). Proprio come i BJT, un JFET può essere pensato in due modi: una volta con un canale N inserito tra due canali P, e una volta nel modo opposto (canale P inserito tra due canali N). Ma a differenza dei BJT, dove il flusso di corrente è attraverso sia gli elettroni che i buchi, il flusso di corrente nel JFET a canale N è attraverso gli elettroni e nel JFET a canale P è attraverso i buchi. Diamo un'occhiata più da vicino al caso N-channel:

CASO I : U $_{GS}$ = 0: Gli elettroni nel canale N, che affluiscono dalla **sorgente,** si muovono in direzione del **drenaggio** (vedi Figura 18). Il drenaggio è collegato qui al polo positivo della batteria con la terra della sorgente. Ora, quando questi elettroni del canale N scorrono verso il drenaggio (terminale +), alcuni di loro cercano di fuggire attraverso la regione P, e così si crea una giunzione (zona di esaurimento) tra N e P. La larghezza di questa giunzione dipende dalla tensione drenaggio-sorgente (U_{DS}). Se aumentiamo questa tensione U_{DS}, i portatori di carica liberi nella giunzione aumentano (come nei BJT) e quindi bloccano altri portatori di carica con più potenziale, risultando in una larghezza maggiore. Possiamo aumentare questa tensione U_{DS} fino a un certo punto, che si chiama tensione di **pinch-off** o **tensione di pinch-off U_P**, che corrisponde a un punto di equilibrio. Se aumentiamo ulteriormente questa tensione, il flusso di elettroni nel canale N verso il drain non aumenterà più, e quindi non c'è alcun effetto sulla corrente I_{DS} di drain-source. Questa corrente costante dopo aver raggiunto la tensione di pinch-off in questa regione di saturazione è chiamata **corrente di saturazione di drenaggio I_{DSS}** (corrente da drenaggio a sorgente con gate in cortocircuito).

Ora perché abbiamo una lunghezza di giunzione non distribuita nella figura 18? Perché la tensione di drenaggio nel canale N non può essere costante ovunque quando la corrente lo attraversa. Per una data tensione U_{DS} (per esempio 5 V), questa tensione U_{DS} diminuisce con il flusso di corrente convenzionale dal drenaggio alla sorgente lungo il percorso, riducendo effettivamente la larghezza della giunzione. Così nei JFET, abbiamo una larghezza elevata sul lato del drenaggio che diminuisce gradualmente verso la sorgente.

Caso II : $U_{GS} \neq 0$: Se ora colleghiamo il gate al terminale negativo, esso attrae i fori in una giunzione già allargata. Questo riduce effettivamente la larghezza di questo incrocio. Se poi aumentiamo la tensione U_{GS}, più corrente scorre dal drenaggio alla sorgente (cioè, I_{DS} aumenta). Così, in questo caso, anche la tensione di pinch-off U_P aumenta e così la corrente di saturazione del drenaggio I_{DSS}.

Queste due affermazioni degli ultimi due paragrafi possono essere rappresentate dalla seguente equazione. Possiamo anche rappresentare queste proprietà in un diagramma (vedi figura 19; la "V" inglese in questa figura sta per la tensione "U").

$$I_D = I_{DSS}\left(1 - \frac{U_{GS}}{U_P}\right) \qquad 2\text{-}4$$

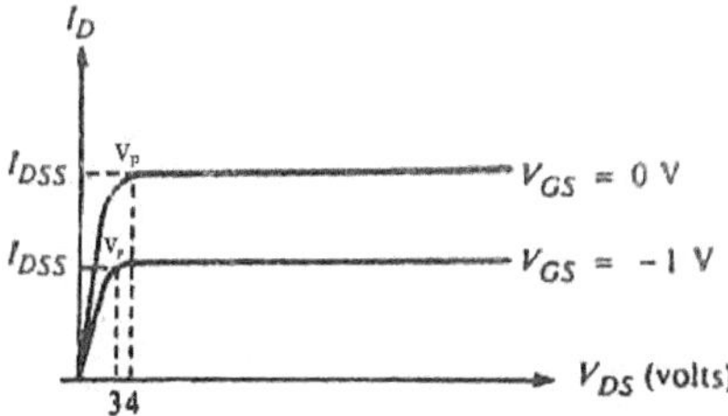

Figura 19: curva caratteristica della legge quadratica

3.3.3 Il transistor a effetto campo a semiconduttore in ossido di metallo

(MOS-FET)

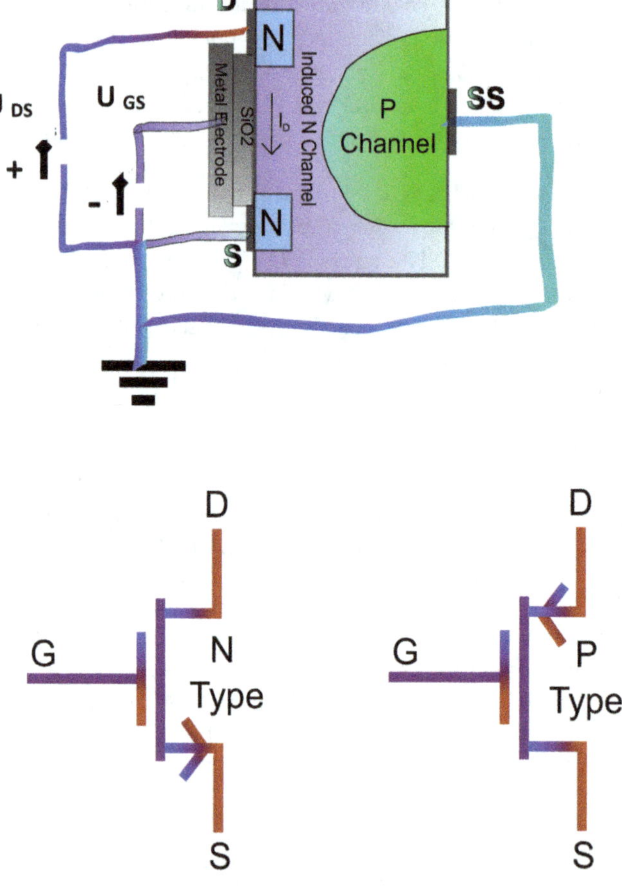

Simbolo di commutazione

Figura 20: MOS-FET a canale N di tipo Enhancement (SS è il substrato)

I transistor a effetto di campo a semiconduttore ad ossido metallico (MOSFET) sono come un successore o un componente aggiornato rispetto ai tipi di transistor precedentemente menzionati. I MOSFET sono il tipo più comune di transistor e sono usati in molte applicazioni, specialmente quelle che richiedono alta potenza. Un BJT è un dispositivo controllato in corrente perché la corrente di collettore è controllata dalla corrente di base molto bassa. Le sue applicazioni sono quindi nell'elettronica a bassa potenza. Tuttavia, i MOSFET hanno ora trovato la loro strada anche nell'elettronica a bassa potenza, poiché hanno un'elevata capacità di commutazione. In termini di applicazioni, si può generalmente dire che i MOSFET sono migliori e più versatili dei BJT.

In generale, i MOSFET sono paragonabili ai JFET, c'è solo una piccola differenza nell'isolamento dell'ossido di metallo. La struttura è anche un po' diversa dai JFET. Tuttavia, non entreremo qui nei dettagli teorici dei MOSFET, poiché il principio di funzionamento di questo dispositivo è praticamente lo stesso di quello dei JFET. Nei MOSFET a canale N, c'è un substrato P da cui gli elettroni fluiscono verso il canale N isolato. Come menzionato in precedenza, gli elettroni nel canale isolato sono indotti dal substrato del canale P. Questo è importante per il normale funzionamento dei MOSFET. Nei MOSFET, lo strato di gate isolato separa il gate, quindi a differenza dei JFET, la tensione di bias non ha importanza in questo caso. Con i JFET, il gate deve essere polarizzato nella direzione inversa in modo che non possa fluire corrente attraverso di esso. Questo aiuta il JFET a controllare la corrente di drenaggio con la tensione di gate. A causa dell'isolamento in ossido di metallo, i MOSFET funzionano con tensione di polarizzazione zero. Ci sono due tipi di MOSFET: un **tipo a deplezione** e un **tipo a potenziamento**. Entrambi i tipi possono essere drogati in due modi (con canali N e P). Il **tipo a potenziamento** (normalmente aperto) richiede una tensione di controllo U per $_{GS}$accendere il dispositivo, mentre il **tipo a esaurimento** (normalmente chiuso) richiede il contrario (spegnerlo). I MOSFET di tipo Enhancement sono i più usati. È anche importante sapere che i JFET possono funzionare solo in modalità di esaurimento perché c'è una tensione negativa sul gate. Quindi, se si aumenta la tensione su questo, il dispositivo diventerà "OFF". I MOSFET, d'altra parte, possono lavorare in entrambi i modi come descritto. Anche i MOSFET hanno le stesse caratteristiche in termini di curva caratteristica, come mostrato nella Figura 19. Per i MOSFET, invece di tensione di pinch-off / tensione di pinch-off, usiamo il termine tensione di soglia U_T.

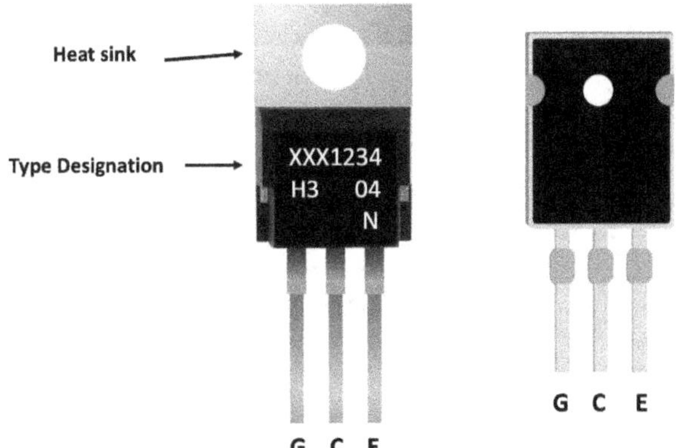

Figura 21: I MOSFET possono assomigliare a questa figura, per esempio.

3.4 Applicazioni pratiche di ingegneria elettrica ed elettronica

L'introduzione generale dei singoli componenti elettronici è stato l'obiettivo principale di questo capitolo finora, quindi non abbiamo ancora avuto problemi relativi ai circuiti in questo capitolo. In generale, i calcoli dei circuiti qui funzionano anche con le regole di base dei circuiti che abbiamo imparato nei capitoli precedenti. Invece di risolvere problemi di calcolo teorico, di seguito vedremo alcune basi che possiamo usare per progettare circuiti.

Esempio 4

Gruppo di continuità - Progettare un circuito che passi all'alimentazione a batteria quando la corrente viene spenta e torni all'alimentazione quando viene riaccesa. Obiettivo: Vogliamo avere 12 V ininterrotti all'uscita per alimentare un caricatore di laptop che richiede questa tensione. La batteria da 12 V serve come una sorta di alimentazione di emergenza.

Note:

1. Un **relè** è un componente elettrico generalmente utilizzato per commutare le cose elettricamente. Quando diamo un segnale, l'interruttore elettromagnetico cambia la sua posizione in un altro terminale e cambia le cose di conseguenza. Quando non c'è segnale elettrico, la posizione chiusa è chiamata normalmente chiusa (NC) e la posizione aperta è chiamata normalmente aperta (NO).

2. Un diodo ad emissione di luce (**LED**), come già sappiamo, è un diodo e quindi permette alla corrente di fluire in una direzione. Quando la corrente scorre attraverso il diodo semiconduttore LED, gli elettroni si combinano con i buchi e rilasciano energia sotto forma di luce.

3. Un **condensatore** è un componente che può immagazzinare carica elettrica (ed energia). Maggiori dettagli nel prossimo capitolo.

Processo di progettazione:

Per prima cosa abbiamo bisogno di un relè che passi alla posizione NC quando si accende la corrente. Poi colleghiamo una batteria a questa posizione NO e un caricatore di laptop alla sua uscita.

Infine, aggiungiamo due diodi in direzione inversa per evitare che la corrente della batteria ritorni alla fonte.

L'illustrazione in alto nella prossima pagina mostra come il LED è alimentato dall'alimentazione principale e l'illustrazione in basso mostra come il LED è alimentato dalla batteria. L'alimentazione principale è di 13,5 V. Trovare una batteria con questa tensione non è possibile in pratica, quindi possiamo usare un amplificatore (per esempio un amplificatore BJT) o un convertitore boost. Infatti, abbiamo usato un condensatore per immagazzinare la carica in modo che quando il relè è spento, il carico rimane sull'alimentazione. $1\,\mu F$ è un valore abbastanza basso in questo caso, quindi in pratica si può usare un condensatore di $1mF$. Cos'è esattamente un condensatore e come funziona sarà spiegato in dettaglio nel prossimo capitolo.

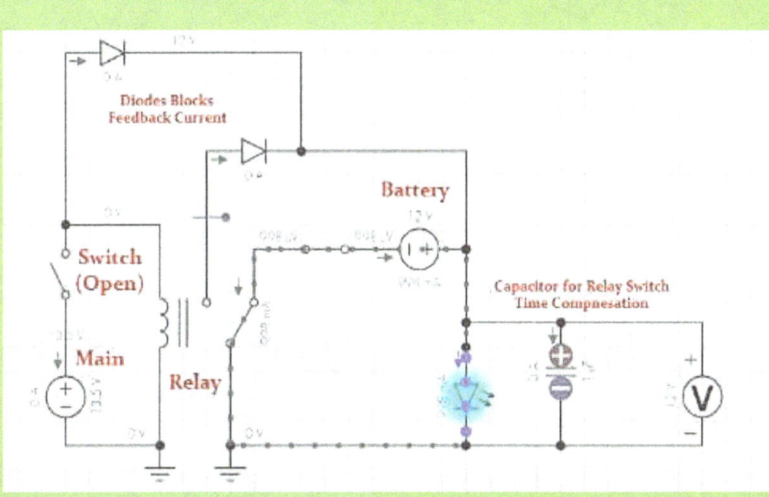

Prima dello sviluppo dei MOSFET e di altri dispositivi a semiconduttore, c'erano solo relè (computer). Ma ora, con questa efficiente tecnologia integrata, possiamo usare i semiconduttori per la commutazione. Pertanto, il circuito di cui sopra può essere disegnato anche con un MOSFET e un BJT. Mentre la corrente principale commuta il BJT, controlla la corrente di uscita attraverso la sua base. Il MOSFET rimane spento in questo caso. Quando spegniamo questo interruttore principale, la batteria attiva il gate del MOSFET, e il carico è gestito dalla batteria. Per la tensione di 13,5 V, possiamo di nuovo utilizzare un amplificatore o un convertitore boost. Quindi il circuito di cui sopra può anche essere progettato con componenti a semiconduttore al posto dei relè, come nelle illustrazioni della pagina seguente.

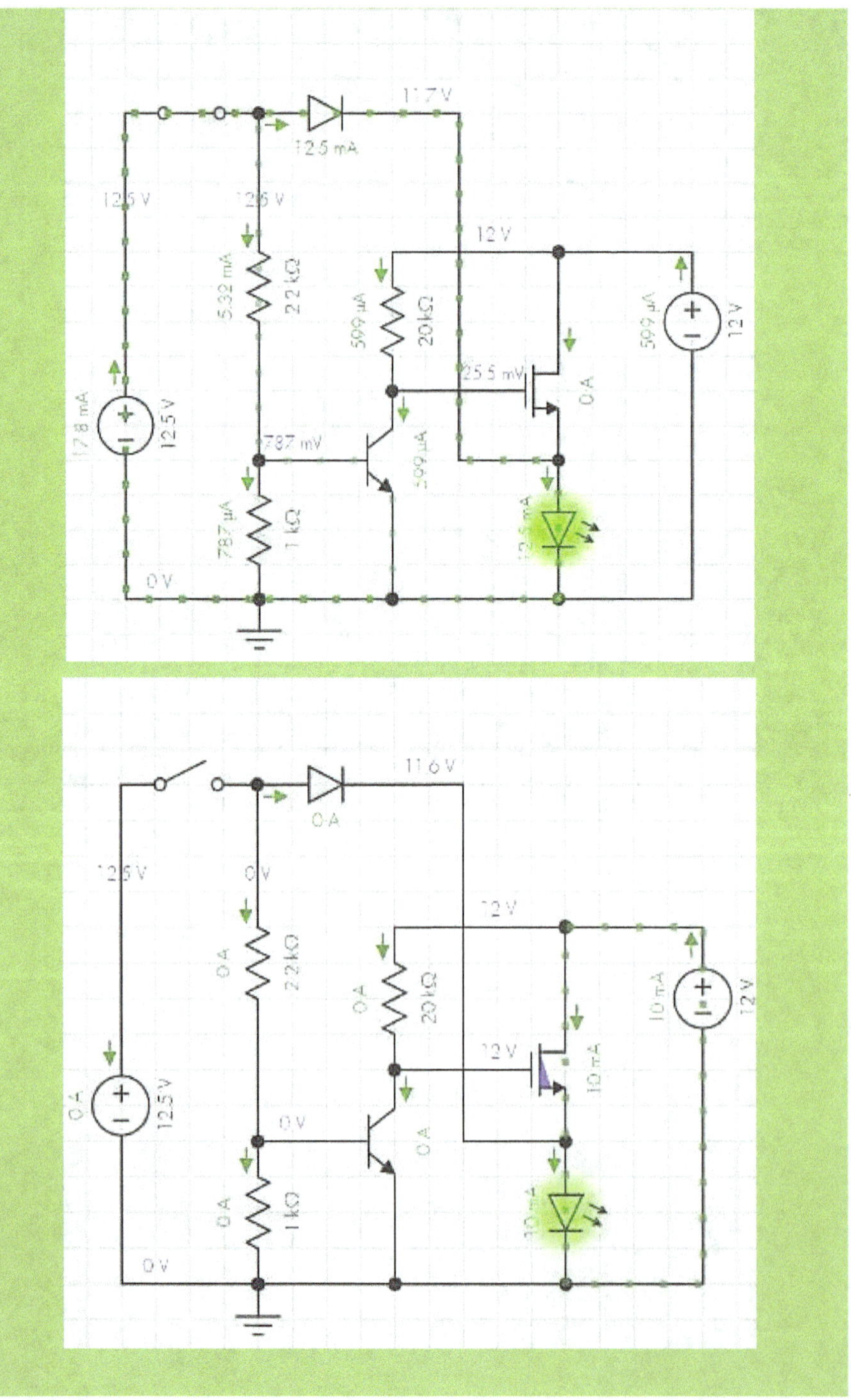

3.4.1 Scheda a circuito stampato (PCB)

Possiamo progettare tali circuiti nella realtà in modo pratico su una breadboard, chiamata anche stripboard, per la prototipazione. Tali stripboard non sono soluzioni permanenti, ma sono principalmente utilizzate per attaccare facilmente diversi componenti elettronici a mano in termini di prototipazione.

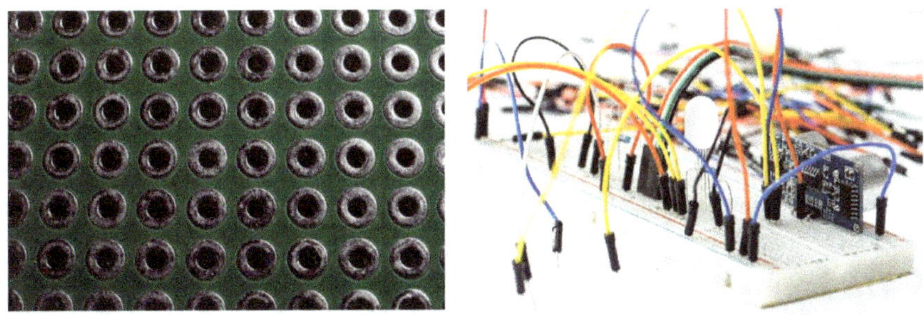

Figura 22: Prototipazione di un circuito con una stripboard

Per una soluzione affidabile e durevole, i circuiti stampati (PCB) sono i più comuni. Queste schede servono semplicemente come elemento portante per componenti elettronici come resistenze, transistor, condensatori, ecc.

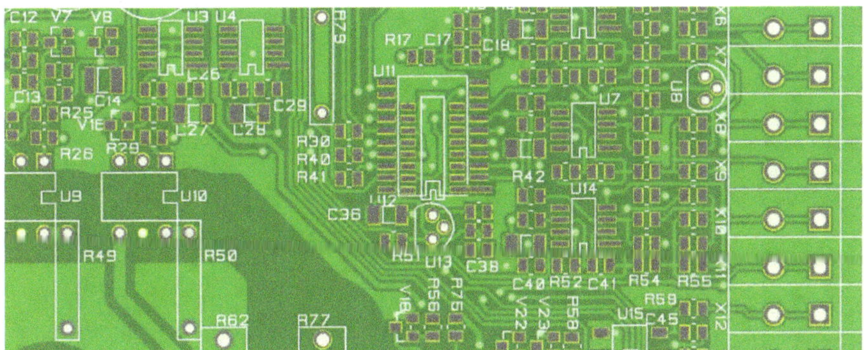

Figura 23: Un circuito stampato / circuito stampato (ora può anche essere ordinato online secondo i propri desideri)

Attenzione: Per favore non provate la produzione di PCB senza esperienza, la manipolazione di etchants è pericolosa, seguite le norme di sicurezza del produttore! Le seguenti informazioni non sono una raccomandazione di azione! Nel frattempo, i circuiti stampati possono essere facilmente ordinati online secondo i propri disegni.

Per progettare un circuito, possiamo, per esempio, usare programmi per computer per disegnare virtualmente i circuiti sulle schede e poi stamparli a specchio su carta lucida. La carta lucida trasferisce poi i circuiti di questa stampa al circuito quando viene riscaldata. La soluzione diluita di FeCl2 viene poi utilizzata per rimuovere l'isolamento dalle linee stampate. La rimozione dell'isolamento dai fili conduttori è comunemente chiamata **incisione.** Il **processo di incisione rimuove il** rame in eccesso sulla scheda e lascia le tracce conduttive desiderate. Dopo la pulizia e l'asciugatura, si possono praticare dei fori, aggiungere i componenti necessari come resistenze, transistor, ecc. e si ha così un circuito funzionante. Naturalmente, nell'industria questi circuiti non sono fatti manualmente ma a macchina. I telefoni cellulari, i computer, i telecomandi delle TV e tutti gli altri dispositivi elettronici hanno i PCB come materiale portante essenziale per i componenti che interagiscono nei circuiti ed eseguono le funzioni che vogliamo.

3.4.2 Il multimetro: Misurazione di corrente e tensione nella pratica

Nella pratica dell'ingegneria elettrica, usiamo spesso i multimetri come strumenti di misura. I multimetri con due connessioni possono misurare tensione, corrente, resistenza, capacità e induttanza. Possono anche misurare la polarità dei transistor ed eseguire un test di continuità con essi. Il test di continuità ci dice se un circuito è in cortocircuito o no. I multimetri possono misurare solo una variabile alla volta (come la corrente o la tensione). Per misurare più parametri, dobbiamo usare diversi dispositivi individuali. L'illustrazione qui sotto mostra un semplice multimetro con le diverse gamme di misurazione. A seconda di ciò che si vuole misurare, si gira il quadrante nella rispettiva gamma.

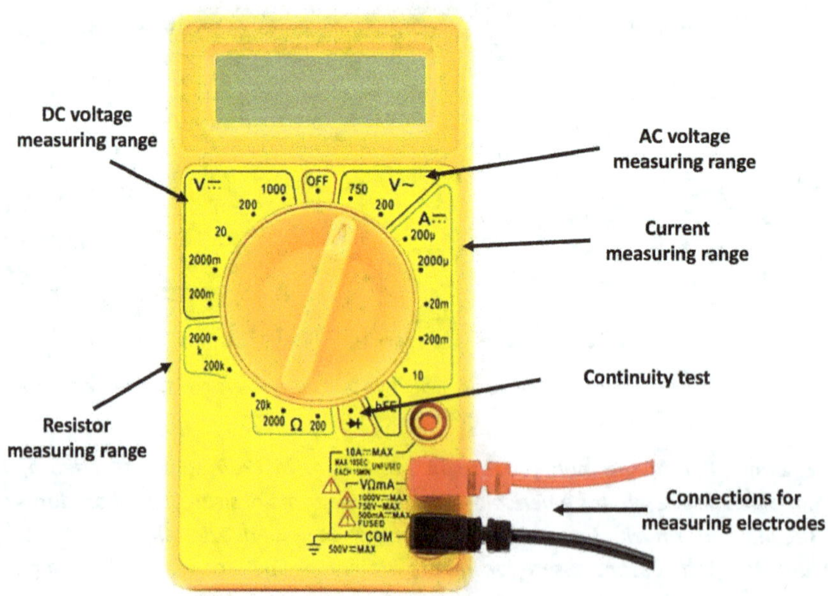

Quando si effettua una misurazione, partire sempre dal valore più alto possibile di tensione o amperaggio o resistenza e poi abbassare l'impostazione del display fino a quando viene visualizzato un valore adatto. Questo significa, per esempio, che se si fa una misura su una fonte di tensione continua e si sospetta un valore tra 20 e 200 V, si gira la gamma di regolazione a 200 volt.

Se volete misurare una tensione, dovete collegare gli elettrodi di misura in parallelo alla fonte di tensione o al componente che volete misurare. Nel caso di una lampadina, per esempio, funzionerebbe così:

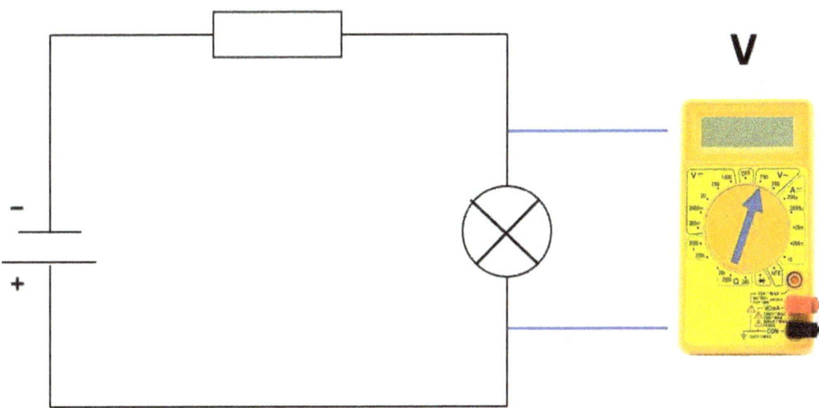

E se volete misurare l'amperaggio di un consumatore, dovete collegare lo strumento di misura (multimetro) in serie al consumatore, cioè scollegare la linea. In questo caso funzionerebbe così:

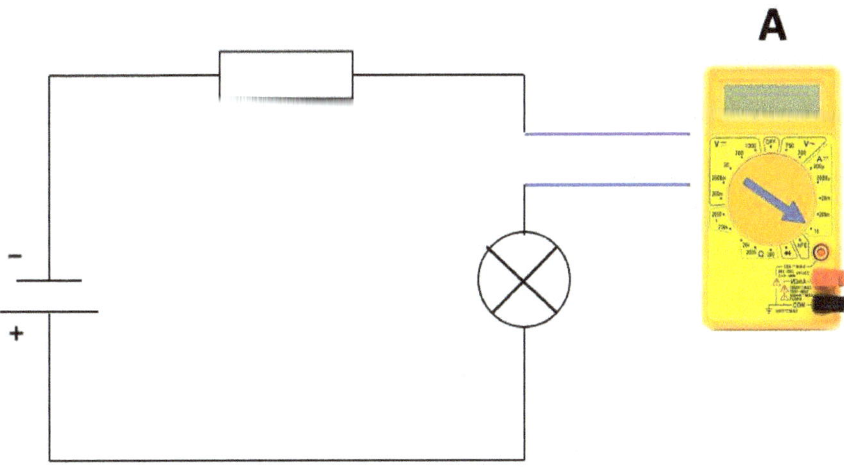

4 Corrente continua contro corrente alternata e onde sinusoidali

4.1 Introduzione all'argomento

Cos'è la corrente e cos'è la tensione? Cos'è la corrente continua e cos'è la corrente alternata? Questi termini generalmente conosciuti sono spesso usati senza sapere esattamente cosa ci sia dietro. Finora ci siamo occupati solo della corrente continua. In questo capitolo daremo un'occhiata più da vicino alle differenze di base. La corrente può essere pensata semplicemente come il flusso di cariche in un conduttore elettrico. La tensione, invece, è semplicemente l'energia di una carica che scorre in quel conduttore. La corrente alternata, come suggerisce il nome, è un tipo di corrente che cambia la sua direzione di flusso (polarità) nel tempo. Questo accade periodicamente, cioè ricorrentemente. Questo non è il caso della corrente continua, dove la direzione del flusso (polarità) rimane la stessa nel tempo. Questo si applica ugualmente ai termini tensione alternata e tensione continua, anche se qui è la tensione che viene considerata.

Finora abbiamo studiato i circuiti che funzionano con la corrente continua. Per esempio, abbiamo trattato le resistenze nel primo capitolo. Tuttavia, ci sono anche elementi nell'elettronica che richiedono un cambiamento di tensione e corrente per il normale funzionamento. Questi elementi (**condensatori** e **induttori**) hanno anche alcune importanti applicazioni in ingegneria elettrica e nelle telecomunicazioni. Per una buona comprensione del loro funzionamento, nel seguito ci occuperemo prima delle onde sinusoidali, poiché queste onde periodiche rappresentano il cambiamento continuo della tensione o della corrente e costituiscono la base per la descrizione. La **corrente alternata** (onde sinusoidali) è usata nella trasmissione (per esempio attraverso un palo della luce) della corrente elettrica. Le onde sinusoidali hanno anche un alto valore nella ricerca di informazione e comunicazione e offrono proprietà molto interessanti. La **corrente continua** è oggi per lo più limitata alle applicazioni a bassa tensione. La corrente continua non può codificare informazioni perché scorre solo in una direzione. Il motivo per cui la corrente continua non è efficiente ai fini della trasmissione dell'elettricità (ad esempio il palo della luce) è anche un argomento interessante, che discuteremo nel prossimo capitolo. Questo capitolo, come già detto, è dedicato in primo luogo allo studio delle onde sinusoidali. In questo capitolo copriremo anche **condensatori, induttori** (induttanze) e **circuiti RLC da** abbinare.

4.2 Tensione alternata / corrente alternata

La tensione alternata / corrente alternata (AC) varia sinusoidalmente con il tempo. La figura 25 mostra un'onda sinusoidale. Questi tipi di onde hanno un periodo di **tempo** e una **cosiddetta fase**. Il periodo è semplicemente il tempo dopo il quale il modello di un'onda si ripete. Una semplice funzione seno $f(x) = sin(x)$ ha un periodo di 2π. Il termine fase, detto semplicemente, descrive lo spostamento di un'onda. L'onda nera nella figura 25, per esempio, è spostata di $\frac{\pi}{2}$ a destra sull'asse x, quindi la sua fase è $\frac{\pi}{2}$. Nella formula della funzione questo è espresso con il termine $-\frac{\pi}{2}$ termine.

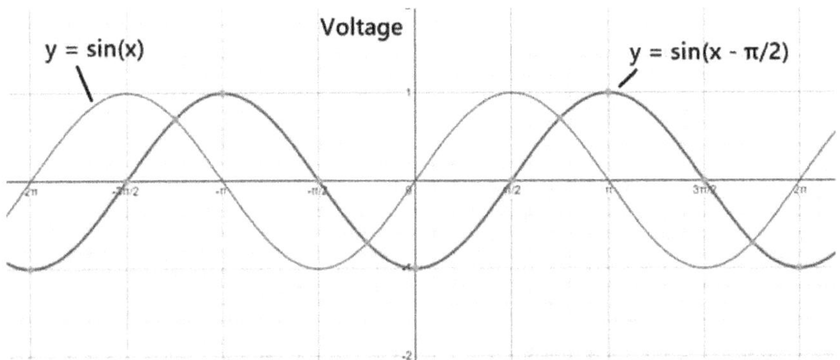

Figura 25: Rappresentazione di $sin(x)$ *e* $sin\left(x - \frac{\pi}{2}\right)$

La **frequenza** di un'onda sinusoidale è il reciproco del suo periodo. In generale, la frequenza indica il grado di compressione o di espansione di un'onda. Si può anche dire che la frequenza indica il numero di periodi in un secondo. La frequenza si misura in Hertz, dal nome del fisico tedesco Heinrich Hertz. 1 Hz corrisponde a un'oscillazione al secondo, cioè 1/s. L'onda nera nella figura 26, per esempio, è ora più allungata dell'onda originale (viola), la sua frequenza è solo la metà della frequenza dell'onda originale viola. La frequenza dell'elettricità domestica è di 50 Hz o 60 Hz e varia a seconda della regione. 50 Hz significa che un ciclo può ripetersi 50 volte in un secondo. 50 Hz significa anche che l'onda AC attraversa la tensione zero (asse x nel sistema di coordinate) 50 volte in un secondo, poiché la direzione della corrente/tensione AC cambia come già noto. Questo significa fondamentalmente che una lampadina si spegne 50 volte in un secondo. Tuttavia, queste fluttuazioni non sono percepibili dall'occhio umano perché sono troppo veloci. Tuttavia, potremmo rendere visibili queste fluttuazioni con una telecamera al rallentatore.

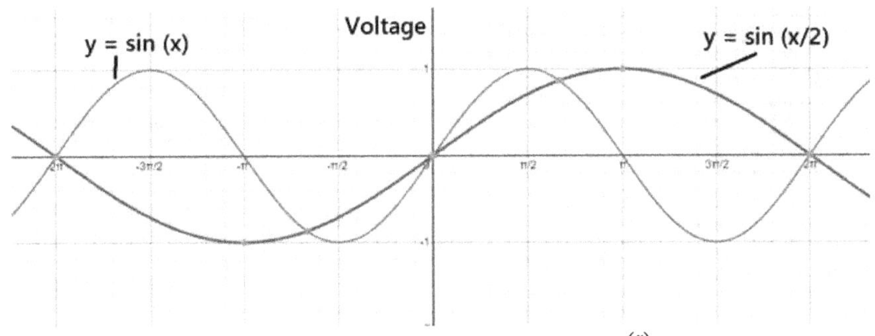

Figura 26: Rappresentazione di $sin(x)$ *e* $sin\left(\frac{x}{2}\right)$

Dovreste ricordare le seguenti importanti relazioni in relazione alle onde:

1) La frequenza di $sin(2 \cdot x)$ è due volte più alto di quello di $sin(x)$il periodo è grande la metà.

2) Il periodo da $sin\left(x - \frac{\pi}{2}\right)$ è ritardato di $\frac{\pi}{2}$ ritardato (spostato) che nell'originale $sin(x)$

4.3 Circuito risonante in serie (circuito RLC)

Oltre alle resistenze, ci sono diversi altri elementi che sono fondamentali per i circuiti elettronici, vale a dire i **condensatori** e gli **induttori** o **induttanze. Un circuito con una combinazione di resistenze, condensatori e induttori è generalmente indicato come un circuito risonante in serie o un circuito RLC.** "R" sta per resistenza, "L" per bobina (induttore) e "C" per condensatore. Lo studio dei circuiti RLC è un argomento complesso e richiede un capitolo proprio. In questa sezione cercheremo di coprire alcune nozioni di base su questo circuito e i componenti associati.

4.3.1 Condensatori

In termini molto semplici, un condensatore non è altro che due piastre disposte parallelamente l'una all'altra e un dielettrico tra loro. Un dielettrico è semplicemente una sostanza debolmente o non conduttiva (solido, liquido, gas) con portatori di carica che <u>non</u> sono liberi di muoversi. I condensatori sono generalmente considerati dispositivi di stoccaggio della carica perché, quando viene applicato un potenziale elettrico, possono immagazzinare tensione (energia) nelle loro piastre.

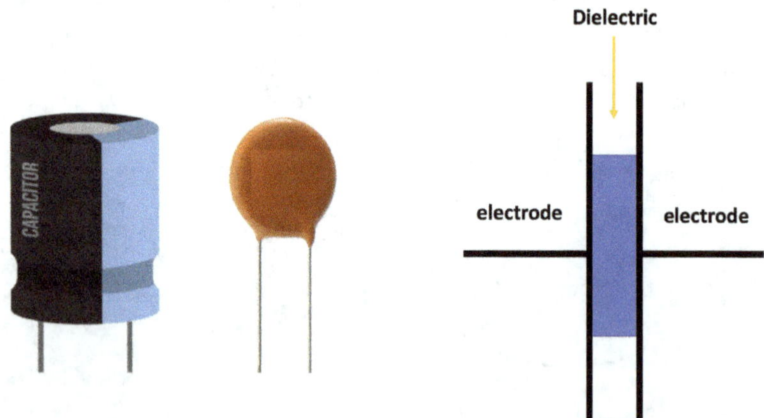

Figura 27: Due tipi di condensatori: condensatore elettrolitico (sinistra) e condensatore ceramico a strato singolo (centro); e la struttura schematica generale di un condensatore (destra).

La capacità di un condensatore di immagazzinare carica dipende dall'area (A) delle piastre, dalla loro distanza (d) e dal dielettrico (ε) tra le piastre. Questa capacità di immagazzinare la carica è generalmente indicata come **capacità**. $\left(C = \frac{A}{\varepsilon d}\right)$, "ε" è chiamata la **costante dielettrica**. Se la carica nelle piastre aumenta, anche la tensione del condensatore aumenta fino a raggiungere la capacità. Questa affermazione è descritta matematicamente dall'equazione 4-2:

$$Q(t) \propto U_c(t) \Rightarrow Q(t) = C \cdot U_c(t) \qquad\qquad 4\text{-}2$$

In termini di tensione e corrente, possiamo riscrivere questa equazione come:

$$\frac{dQ(t)}{dt} = C \cdot \frac{dU_c(t)}{dt} \Rightarrow I_c(t) = C \cdot \frac{dU_c(t)}{dt} \qquad 4\text{-}3$$

Come promemoria: la corrente è il flusso di cariche per unità di tempo.

L'equazione 4-3 è interessante perché mostra che la corrente scorre in un condensatore solo quando la tensione cambia. A tensione costante, il condensatore si comporta come un circuito aperto in cui, ovviamente, non può scorrere alcuna corrente.

Situazione - corrente continua: se colleghiamo un condensatore in serie a una fonte di tensione continua, inizia la carica delle piastre. Nel corso della carica, il condensatore respinge l'elettrone sorgente e ferma così il flusso di corrente.

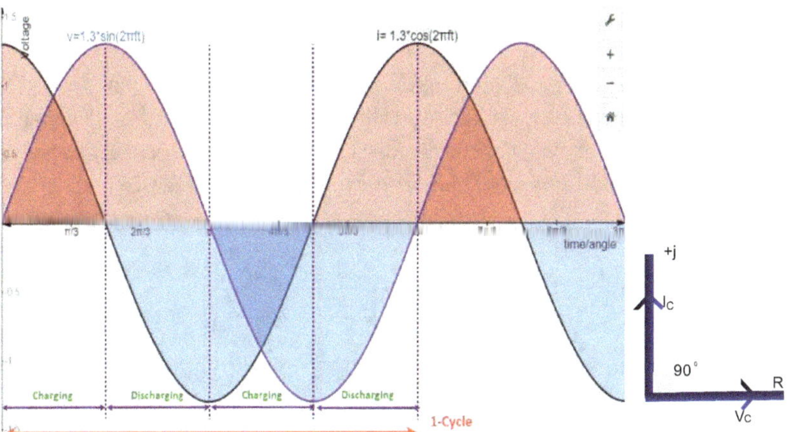

Figura 28: : Onda di tensione (seno) e onda di corrente (cos) del condensatore (l'onda di corrente è in ritardo rispetto alla tensione di $\frac{\pi}{2}$ dietro. Il diagramma di fase del condensatore è mostrato all'estrema destra.

Situazione - corrente alternata: se colleghiamo questo condensatore a una sorgente di corrente alternata, nel primo quarto di ciclo (da 0 a $\frac{\pi}{2}$; vedi figura 28) prende la tensione (cioè immagazzina la carica), che poi rilascia di nuovo nel secondo quarto. Nel semiciclo negativo dell'onda, questa azione si ripete, ma ora con polarità opposta, cioè il condensatore si carica nel primo quarto e poi si scarica nel secondo quarto.

È importante ricordare che il condensatore "assorbe" la tensione, ma allo stesso tempo non ha alcuna influenza sulla corrente. È proprio questo assorbimento che crea un ritardo nella tensione, e quindi la tensione nel condensatore "ritarda" la corrente di $\frac{\pi}{2}$ dietro la corrente. Il lato destro della figura precedente mostra il diagramma di fase del condensatore. Come vedremo, i diagrammi di fase sono utili per calcolare la relazione tra tensione e corrente dei condensatori.

Reattanza capacitiva (reactance):

Supponendo di aumentare la frequenza della sorgente AC, più elettroni scorrono attraverso il condensatore nell'unità di tempo, il che porta ad un aumento della corrente. Questo aumento di corrente riduce la resistenza del condensatore. Allo stesso modo, la resistenza del condensatore aumenta quando la frequenza diminuisce. Questa cosiddetta reattanza di un condensatore è generalmente chiamata **reattanza** (capacitiva) (X_c), e l'equazione 4-6 la mette in relazione con la frequenza AC come segue:

$$X_c = \frac{1}{2\pi f C} \qquad\qquad 4\text{-}6$$

Collegamento in serie e in parallelo dei condensatori:

Dalla spiegazione precedente e dalla formula di cui sopra, si può vedere che la capacità si comporta inversamente (cioè inversamente) alla sua reattanza. Quindi, aggiungiamo la capacità nel circuito parallelo e il reciproco della somma dei reciproci delle capacità nel circuito serie, cioè esattamente il contrario come nel collegamento in serie e in parallelo delle resistenze.

Collegamento in serie:
$$C_{eq} = \frac{1}{\left(\dfrac{1}{C_{eq_1}} + \dfrac{1}{C_{eq_2}} + \cdots + \dfrac{1}{C_{eq_n}}\right)} \qquad\qquad 4\text{-}7$$
$$= \left(\frac{1}{C_{eq_1}} + \frac{1}{C_{eq_2}} + \cdots + \frac{1}{C_{eq_n}}\right)^{-1}$$

Collegamento in parallelo:
$$C_{eq} = C_1 + C_2 + \cdots + C_n \qquad\qquad 4\text{-}8$$

4.3.2 Induttori / induttori (bobina)

Ogni filo conduttore che trasporta corrente genera un campo magnetico intorno ad esso. Quindi cosa succede quando avvolgiamo un'intera bobina da un filo conduttore? È quello che vogliamo vedere più da vicino in questo capitolo. Un tale filo avvolto in una bobina è chiamato induttore.

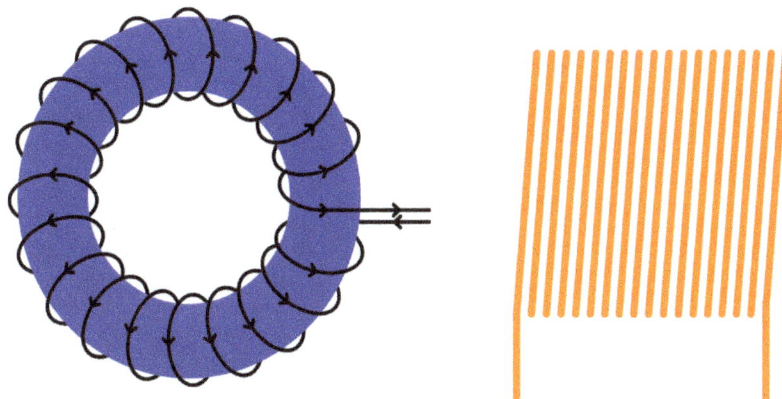

Figura 29: bobina toroidale con nucleo di ferro (sinistra); bobina (destra)

Quindi, quale cosa speciale può accadere quando avvolgiamo un filo o un altro conduttore in una bobina? In breve, cambia il campo magnetico prodotto. Quando la corrente scorre attraverso questo filo avvolto, crea un cambiamento nel campo magnetico e quando questa corrente cambia, il campo magnetico creato si oppone alla nuova corrente in modo che non possa cambiare ulteriormente. Per analogia, si può immaginare un induttore come una ruota di mulino attraverso la quale scorre acqua con una certa energia potenziale. Inizialmente, l'attrito (statico) della ruota si oppone all'energia dell'acqua, ma non appena l'acqua spinge la ruota (coppia di distacco) e l'attrito statico si trasforma in attrito radente ed è quindi inferiore alla forza motrice, la ruota "sostiene" il movimento dell'acqua in un certo modo grazie all'inerzia della ruota. Se ora improvvisamente non scorre più acqua, il movimento continua (inerzia) finché l'attrito diventa troppo "alto" per l'energia rimanente.

Cos'è un tale componente? Un induttore è un componente che può essere considerato come la controparte del condensatore e il cui modo di funzionamento può essere spiegato dalla **regola di Lenz.** La regola di Lenz afferma che la corrente generata dall'induzione è sempre diretta contro la causa (campo magnetico). Qualsiasi effetto di forza meccanica che può sorgere è chiamato **forza di Lorentz.**

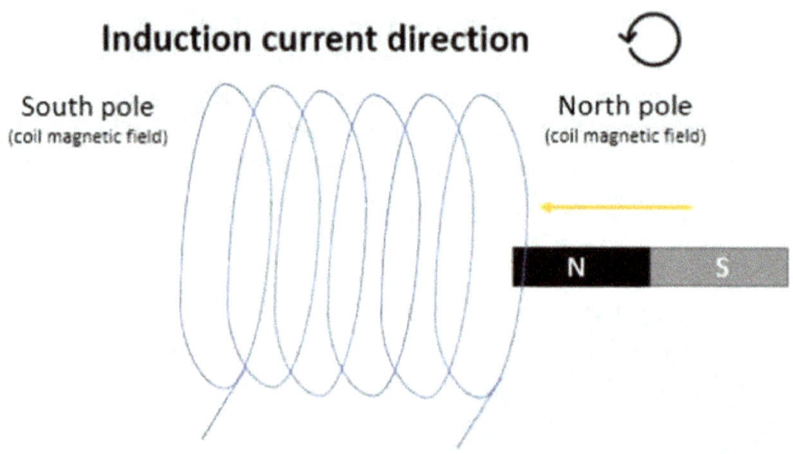

Figura 30: La regola di Lenz applicata nella pratica. Se un magnete viene spostato verso la bobina come mostrato, la bobina defletterà a sinistra perché la corrente di induzione nella bobina è diretta in modo tale che si crea un polo nord a destra (gli stessi poli si respingono a vicenda). Esattamente il contrario è anche vero per l'altro caso (polo nord e polo sud; attrazione invece di repulsione).

Proprio come per i condensatori, c'è una costante per gli induttori, l'induttanza, che ci dice la capacità di un induttore di immagazzinare energia nel campo magnetico. Questo dipende dal numero di giri e dalle dimensioni, come la lunghezza, della bobina ($L = k \cdot N^2$), "k" qui è semplicemente una costante per le dimensioni. "N" sta per il numero di giri.

Proprio come per i condensatori, il flusso magnetico dell'induttore aumenta con l'aumentare della corrente nella bobina fino a raggiungere l'induttanza. Espresso matematicamente, questo significa:

$$\lambda(t) = L \cdot I_L(t) \qquad \text{4-9}$$

E una semplice derivazione in base al tempo su entrambi i lati dà come risultato:

$$\frac{\lambda(t)}{dt} = L \cdot \frac{dI_L(t)}{dt} \Rightarrow U_L(t) = L \cdot \frac{dI_L(t)}{dt} \qquad \text{4 -10}$$

Proprietà dell'induttore

Come per i condensatori, un **flusso di corrente continua mette in cortocircuito** l'induttore (idealmente senza resistenza). Poiché nel caso della corrente continua non c'è nessun cambiamento nella direzione della corrente e quindi nessun cambiamento nel campo magnetico, il circuito è semplicemente in cortocircuito senza che venga indotta alcuna tensione. E nel caso di una corrente **alternata,** l'induttanza assorbe tutta la corrente durante il primo mezzo periodo della sinusoide, ma non cambia la tensione. E a causa di questo assorbimento, la corrente nel caso dell'induttanza "ritarda" la tensione di $\frac{\pi}{2}$ dietro la tensione. Se pensate ancora per un momento al condensatore, potreste notare che nel caso del condensatore era esattamente il contrario, cioè che nel caso del condensatore la tensione "resta indietro" rispetto alla corrente di questo fattore. Molto buona attenzione!

La reattanza dell'induttanza X_L (chiamata anche **reattanza** o più completamente: **reattanza induttiva**) è anche legata alla frequenza della corrente alternata (equazione 4-11). Considera come reagisce un induttore quando il flusso di corrente aumenta o diminuisce in un secondo. Possiamo derivare facilmente questa relazione:

<table>
<tr><td>Resistenza di
induttanza</td><td>$$X_L = 2\pi f L$$</td><td>4 -11</td></tr>
</table>

Per inciso, il termine reattanza, in generale, si riferisce semplicemente a una resistenza complessa. Nel caso dei condensatori e degli induttori, tuttavia, le fasi della corrente e della tensione differiscono, il che a sua volta influenza le loro resistenze. Per distinguere la resistenza di questi componenti dalla resistenza di un semplice resistore (qui si intende il componente), si usa quindi il termine reattanza capacitiva o induttiva.

Per l'analisi del circuito, le seguenti leggi per il collegamento in serie e in parallelo degli induttori sono di nuovo importanti: *(Nota: confronta le seguenti equazioni con quelle del condensatore, allora noterai qualcosa e ti sarà anche più facile da ricordare)*

<table>
<tr><td>Collegamento
in serie</td><td>$$L_{eq} = L_1 + L_2 + \cdots + L_n$$</td><td>4-12</td></tr>
</table>

<table>
<tr><td>Collegamento
in parallelo</td><td>$$L_{eq} = \frac{1}{\left(\dfrac{1}{L_{eq_1}} + \dfrac{1}{L_{eq_2}} + \cdots + \dfrac{1}{L_{eq_n}}\right)}$$
$$= \left(\frac{1}{L_{eq_1}} + \frac{1}{L_{eq_2}} + \cdots + \frac{1}{L_{eq_n}}\right)^{-1}$$</td><td>4-13</td></tr>
</table>

I circuiti risonanti in serie (RLC) sono, come ormai sappiamo, semplicemente una combinazione di una resistenza, un condensatore e un induttore. Questo permette un totale di 8 scenari $\left(\sum_{n=0}^{3}\binom{3}{n}\right) = 8$) di circuiti RLC, due dei quali sono semplici circuiti in serie e in parallelo. Questi due circuiti sono anche i più importanti. I circuiti RLC sono utilizzati nei filtri elettronici, che a loro volta vengono utilizzati per la sintonizzazione dei canali radio e televisivi, nei circuiti oscillatori e nel controllo audio. Il più delle volte, i circuiti RLC sono applicati quando è richiesta l'analisi dei segnali. La maggior parte delle applicazioni dell'analisi dei segnali si trova di nuovo nella tecnologia delle comunicazioni. I **fasori sono** necessari per il calcolo delle RLC. I fasori sono, in termini semplici, i vettori di numeri complessi bidimensionali, che in questo caso sono necessari per risolvere i condensatori e gli induttori. Se colleghiamo una resistenza lineare in serie con un condensatore (circuito RC), la tensione del condensatore è ritardata perché il condensatore immagazzina tensione. Per la stessa tensione di "R" (resistenza) e "C" (condensatore), otteniamo un triangolo rettangolo che possiamo scomporre nelle sue componenti (perpendicolare e base). Lo stesso vale per l'induttanza. La tensione dei cavi del condensatore e quella dei cavi dell'induttore.

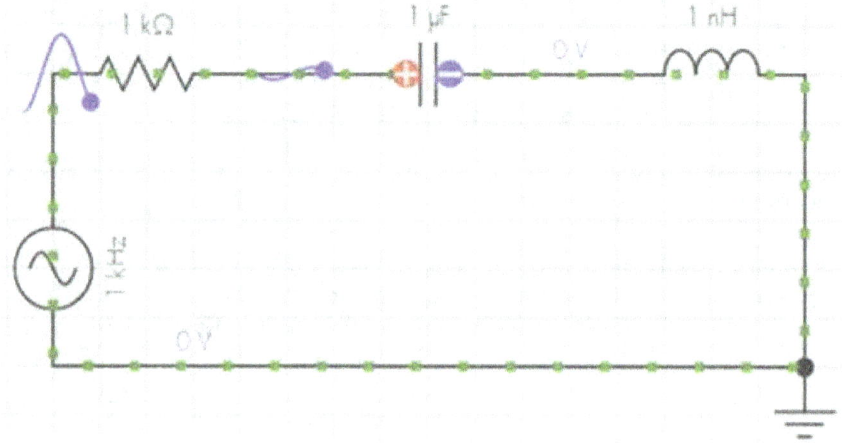

Figura 31: Circuito RLC in serie

Come esempio, consideriamo un circuito RLC in serie (Figura 31). Per risolvere la tensione equivalente, usiamo i valori di U_c e U_R come:

Teorema di Pitagora:
$$U_s = \sqrt{U_R^2 + (U_L - U_C)^2}$$
4- 14

E per l'angolo in mezzo, possiamo usare la formula tradizionale del triangolo come segue:

$$tan(\theta) = \frac{Controcathetus}{Ancathetus}$$

$$\theta = tan^{-1}\frac{U_L - U_C}{U_R}$$
4 -15

È anche importante ridefinire la resistenza qui, poiché troviamo una combinazione di resistenza (componente resistiva effettiva) e reattanza (condensatore e induttore). Questa "resistenza totale" nei circuiti RLC è chiamata **impedenza Z** e comprende quantità reali e complesse. In termini più semplici, si può anche dire che la resistenza e la reattanza sono casi speciali dell'impedenza. Una resistenza (R = Resistance) è descritta con quantità reali e una reattanza con quantità complesse.

Le formule 4-14e 4-15 si applicano agli RLC collegati in serie (RLC serie).

5 Sistemi di alimentazione

In questo capitolo vogliamo occuparci principalmente della trasmissione di elettricità in corrente alternata. La corrente continua potrebbe anche essere usata per la trasmissione di energia e questo era anche il caso molto tempo fa. Ma a causa delle alte perdite su lunghe distanze quando si usa la corrente continua, si doveva pensare a qualcos'altro, poiché tale trasmissione di energia non era possibile su larga scala. Si sapeva da tempo che la corrente continua non poteva essere efficiente sulle lunghe distanze, e così fu introdotto il concetto di distribuzione della corrente alternata. A causa dell'alta tensione utilizzata per questo, i pericoli della corrente alternata erano un grande ostacolo alla sua introduzione. Tuttavia, la corrente alternata fornisce elettricità a buon mercato, mentre la corrente continua sarebbe inefficiente. Mentre il sistema di distribuzione AC in sé è più complesso e costoso di quello DC, poiché richiede trasformatori ad ogni estremità della catena, alla fine, la trasmissione AC ripaga ancora in molti modi.

5.1 Energia e sistema di unità

La tensione elettrica è l'energia delle particelle cariche trasportate. Il termine potenza $P = U \cdot I$ è usato per l'"'energia" o il "lavoro" delle particelle cariche che scorrono attraverso un conduttore. Di solito il termine energia viene qui definito come la potenza consumata in un periodo di tempo.

Ci sono due fattori opposti nei sistemi energetici. Questi sono la domanda di carico e la generazione, poiché per la massima efficienza i generatori devono funzionare ai loro valori nominali. Abbiamo già imparato il calcolo dei kWh (energia) nel primo capitolo. Un piccolo esempio per ricordarcelo: un ventilatore da soffitto da 100 W che funziona otto ore al giorno per un mese (30 giorni) consuma: $100\,W \cdot (8\,h \cdot 30) = 24.000\,Wh = 24\,kWh$. Il prezzo per un'unità (1 kWh) per i consumatori finali è determinato dalla rispettiva tariffa elettrica del fornitore di elettricità. Attualmente, la media è di circa 30 centesimi per kWh. C'è una tariffa diversa a seconda della società di servizi. La tariffa può essere diversa per i diversi consumatori (per esempio commerciale o residenziale), ma può anche essere basata sul fattore di potenza, sulla domanda massima o sul consumo per unità. Il più delle volte si basa sul consumo per unità, cioè più unità vengono consumate, più basso è il prezzo per unità. In alcuni paesi, dove la domanda di elettricità è più alta della produzione di elettricità, è vero il contrario e le tariffe diventano più costose all'aumentare del consumo.

Per tracciare i cambiamenti di carico in un'unità di tempo, si usano le cosiddette **curve di carico** (soprattutto nelle reti di distribuzione). Le stazioni di distribuzione usano queste curve di carico per avere un'idea della domanda mensile e le centrali elettriche le usano per la generazione ottimale. Per una "generazione" di elettricità efficiente in termini di costi, si fa attenzione a mantenere la domanda di carico e la generazione a livelli simili. In effetti, una delle principali debolezze dell'elettricità è che non possiamo immagazzinare direttamente l'energia elettrica (tranne nell'immagazzinamento in batterie e con l'aiuto della conversione in altre forme di energia, come l'energia potenziale idroelettrica). In pratica, specialmente nei sistemi trifase, che conosceremo più avanti in questo capitolo, può essere difficile gestire tutti i generatori con dati di consumo dinamici e tendenze di consumo imprevedibili. Nei sistemi di energia rinnovabile in cui il flusso di elettricità è bidirezionale (cioè dal consumatore al fornitore e viceversa, si pensi a un'alimentazione con un impianto fotovoltaico), queste cose possono diventare ancora più complesse.

La figura seguente mostra un esempio di curva di carico di una famiglia in un giorno (a destra). La curva di durata del carico (a sinistra) di una famiglia nella figura seguente è spesso usata per analizzare il consumo di carico in un certo intervallo di tempo (come 4 ore in questo caso). La curva di carico dà i dati come vengono consumati in una famiglia; la curva di durata del carico li dispone in modo tale che si ha un'idea dello sviluppo dal massimo al minimo.

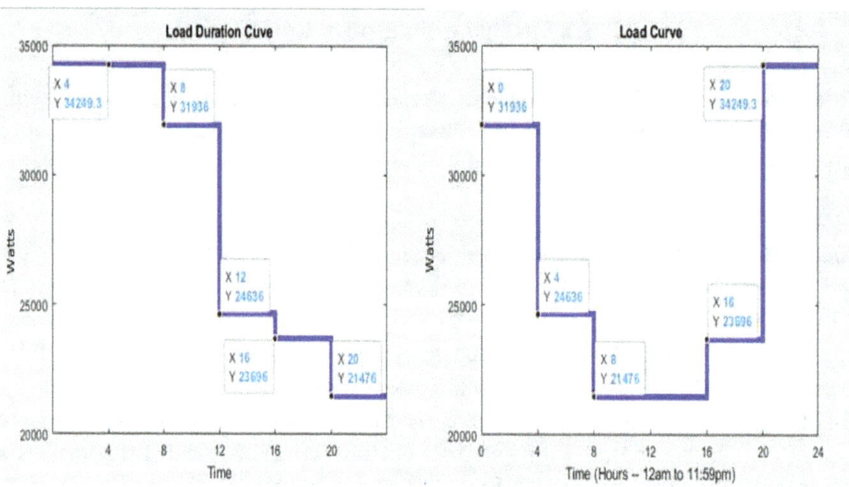

Figura 32: curva di carico (destra) e curva di carico-durata (sinistra)

5.2 Il triangolo della potenza

Abbiamo già imparato molto su condensatori e induttori nella sezione precedente. Poiché tali elementi passivi immagazzinano energia, creano uno spostamento di fase tra la tensione e la corrente - questo influenza anche la potenza, che non abbiamo ancora discusso. Vorremmo farlo in questo capitolo.

Consideriamo un circuito induttivo che assorbe una corrente "in ritardo" I ed è collegato alla tensione di origine U. L'angolo di questo "ritardo" è ɸ. Se supponiamo che non ci sia differenza di fase tra tensione e corrente ($\varphi = 0$ - circuito puramente ohmico), la potenza totale P qui è semplicemente $U \cdot I$. Tuttavia, se ora inseriamo un elemento reattivo (condensatore o induttore) nel circuito, si crea una differenza di fase nel circuito ($\varphi > 0$). La potenza totale nel circuito in questo caso si chiama potenza apparente:

$$S = U_{total} \cdot I_{total} \; (\textbf{Unità: } kVA) \qquad\qquad 5\text{-}1$$

La potenza apparente è la somma (somma vettoriale) delle sue componenti, una delle quali è la componente orizzontale (P), chiamata **potenza attiva** (unità: kW) e l'altra è la componente verticale (Q), chiamato **potenza reattiva (unità**: kVAr). A proposito, il "VAr" qui sta per VA reattivo ("Volt-Ampère-réactif").

Queste tre quantità (S e le sue componenti P e Q) formano un triangolo, chiamato **triangolo di potenza** (vedi figura 33). Poiché la potenza attiva e reattiva sono componenti del vettore **S** si applica:

$$P = S \cdot cos\varphi = U \cdot I \cdot cos\varphi \qquad\qquad 5\text{-}2$$
$$Q = S \cdot sin\varphi = U \cdot I \cdot sin\varphi$$

La potenza apparente S è un vettore costituito dalle componenti P e Q, in modo che come per ogni vettore si applica alla sua grandezza:

Forma vettoriale:
$$\vec{S} = \vec{P} + \vec{Q} \qquad\qquad 5\text{-}3$$

$$S = \sqrt{P^2 + Q^2} = \sqrt{(S \cdot cos\varphi)^2 + (S \cdot sin\varphi)^2}$$

La differenza di fase tra tensione e corrente può essere espressa come:

$$\varphi = \tan^{-1}\frac{P}{Q} \qquad\qquad 5\text{-}4$$

Proprio come abbiamo imparato con l'impedenza che la resistenza (R) e la reattanza (X) sono solo i casi speciali dell'impedenza (Z), possiamo anche immaginare qui in modo semplificato che la potenza attiva (P) e la potenza reattiva (Q) siano casi speciali (in realtà componenti) della potenza apparente (S). In generale, la potenza attiva è semplicemente la potenza consumata dai componenti ohmici (per esempio la resistenza) e la potenza reattiva è la potenza immagazzinata nei componenti reattivi sotto forma di energia.

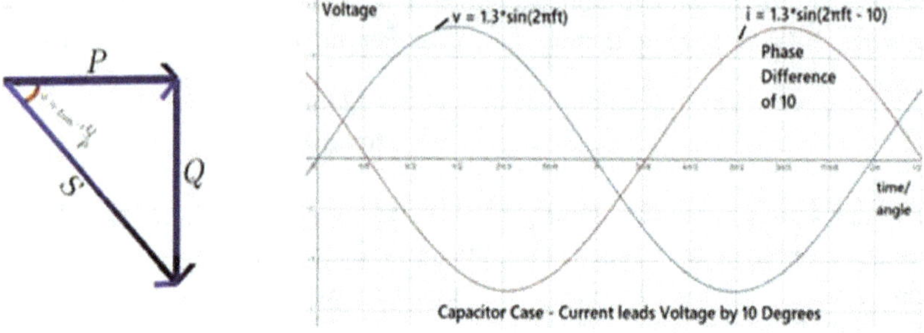

Figura 33: a sinistra: Triangolo della potenza - a destra: differenza di fase (10 gradi) nel caso di un condensatore

Fattore di potenza:

La potenza reattiva può essere vista come uno spreco o un sottoprodotto derogatorio, quindi dovrebbe essere minima. Questo è misurato dall'efficienza della potenza, che è chiamata fattore di potenza λ (chiamato anche fattore di potenza "PF" o "p.f."). Il fattore di potenza è fondamentalmente una misura della qualità della potenza nel circuito. L'assenza di potenza reattiva significherebbe una perfetta qualità dell'alimentazione. In termini matematici, questo significa:

$$\lambda = \frac{|\vec{P}|}{|\vec{S}|} = \frac{S \cdot cos\varphi}{S} = cos\varphi \qquad\qquad 5\text{-}5$$

$$\lambda = \frac{|\vec{P}|}{|\vec{S}|} = \frac{I^2 \cdot R}{I^2 \cdot Z} = \frac{R}{Z}$$

Il fattore di potenza è quindi semplicemente il coseno dell'angolo di fase, e quando l'angolo di fase raggiunge lo zero, la qualità di potenza massima ($\lambda = cos\varphi = 1$) si ottiene, poiché in questo caso la potenza reattiva ($S \cdot sin\varphi$) è uguale a zero.

Che cosa significa? - La performance non è uguale alla potenza?

Per cominciare, questo può confondere un po' le idee sul perché le prestazioni non sono la stessa cosa. Perché si fa qui una distinzione tra due poteri, e perché sono stati dati loro certi nomi? Se la potenza attiva è la potenza di cui il carico ha bisogno per il funzionamento normale (produce calore, relativamente facile da immaginare), che ruolo ha questa cosiddetta potenza reattiva? Queste domande possono confondere all'inizio, ma tutto ha senso se diamo un'occhiata più da vicino al principio di funzionamento degli elementi di potenza reattiva.

Ripensateci per un momento e ricordate che i condensatori contrastano un cambiamento di tensione e gli induttori contrastano un cambiamento di corrente. La differenza di fase (φ) si verifica principalmente a causa dell'effetto opposto degli elementi reattivi a tali cambiamenti di tensione e corrente. Sappiamo già che i condensatori assorbono tensione nel primo quarto di ciclo (carica) e la rilasciano di nuovo nel secondo quarto (scarica). Lo stesso accade con gli induttori, ma invece di prendere la tensione, prendono la corrente. Poiché assorbono (consumano) e rilasciano corrente, possiamo dire che l'energia (o la potenza) è immagazzinata negli elementi reattivi sotto forma di campi. Nel caso dei condensatori è un campo elettrico e nel caso degli induttori un campo magnetico.

Se aumentiamo l'induttanza e la capacità dei componenti elettronici, essi possono offrire più resistenza a un cambiamento e l'angolo di fase aumenta. Come caso speciale per una migliore comprensione, consideriamo il caso peggiore in cui la differenza di fase raggiunge i 90 gradi (massimo). L'unica potenza che il circuito ha a questo punto è la potenza reattiva ($S = 0$, $da\ cos(90) = 0$). Fisicamente, significa che tutta la potenza qui scorre semplicemente tra la fonte e il carico.

Ora conosciamo già i vantaggi dei condensatori e degli induttori. Nei sistemi di alimentazione, gli induttori sono principalmente utilizzati nei motori elettrici il cui intero modo di funzionamento è basato sulla rotazione generata dal campo magnetico dell'induttore. Anche qui, una parte dell'energia viene "sprecata" sotto forma di potenza reattiva. Questo deve essere mitigato il più possibile. Per mitigare l'effetto della potenza reattiva nel caso degli induttori, si usano per esempio dei condensatori collegati in serie. Perché? Forse lo capirete se pensate per un momento allo spostamento di fase. Abbiamo imparato che lo sfasamento di un induttore è opposto allo sfasamento di un condensatore. Quindi, se otteniamo una potenza reattiva di 1 kVAr da una fonte, un condensatore aggiunto di 700 VAr fornisce già 700 VAr all'induttore. Così ora la sorgente deve fornire solo 300 VAr di potenza reattiva all'induttore, "risparmiando" così 700 VAr. L'aggiunta di condensatori al carico induttivo in questo modo per ridurre la caduta di potenza reattiva è chiamata **correzione del fattore di potenza.** In breve, l'obiettivo è semplicemente quello di minimizzare le transazioni di energia dall'elemento reattivo e dalla fonte. Queste transazioni energetiche avvengono perché gli elementi reattivi immagazzinano energia sotto forma di campi (magnetici ed elettrici).

5.3 Corrente alternata monofase e trifase

Naturalmente, anche i sistemi a corrente alternata non sono completamente perfetti, ma sono comunque migliori per la trasmissione di energia rispetto alla corrente continua. Uno dei vantaggi della corrente alternata rispetto alla corrente continua è la possibilità di un sistema trifase (noto anche come: corrente pesante, corrente trifase, corrente di potenza).

Un sistema monofase (corrente domestica normale, cavo a tre fili) ha bisogno fondamentalmente solo di due fili: la **fase (L)** e il **conduttore neutro (N)**. Inoltre, di solito c'è un **conduttore di protezione (PE)** per la messa a terra di protezione. Il conduttore di fase / esterno (L) (di solito marrone, nero o rosso) è un filo che trasporta corrente. Il conduttore neutro (N), invece, è solitamente rivestito di blu.

La corrente scorre nel cavo di fase in direzione del carico e dopo che ha ceduto tutto il suo potenziale (tensione) al carico (o il carico lo ha sottratto alla corrente), ritorna alla fonte attraverso il conduttore neutro per ottenere più tensione.

I sistemi trifase (3φ) hanno la particolarità di avere tre fasi o fili in tensione (L1, L2, L3). Tuttavia, <u>non</u> richiedono tre conduttori neutri o conduttori di protezione, ma si accontentano di un conduttore neutro e un conduttore di protezione ciascuno. I cavi di alimentazione hanno quindi un totale di cinque nuclei (L1, L2, L3, N e PE).

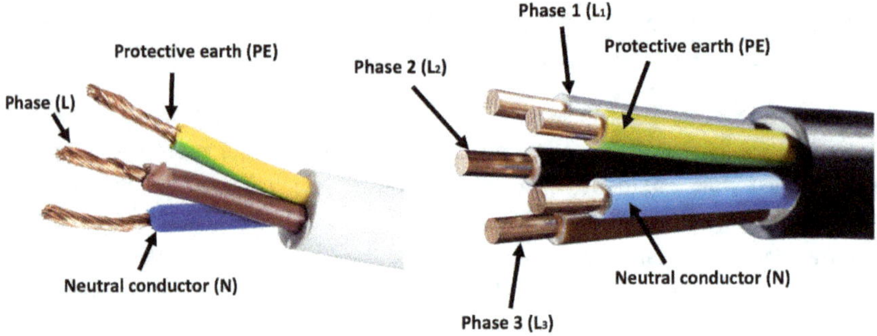

Figura 34: 3 fili (a sinistra) per la corrente monofase e 5 fili (a destra) per la corrente pesante

Le tre correnti sono sfalsate con uno spostamento di fase di 120 gradi. Tre bobine di un generatore producono queste tre fasi della corrente alternata. Così, nei sistemi trifase, la tensione CA può raggiungere il suo valore di picco tre volte in un ciclo. Questa caratteristica dei sistemi 3φ crea un campo magnetico rotante, che è necessario per il funzionamento delle macchine a corrente alternata.

Con l'angolo di fase di 120 gradi, possiamo descrivere le tensioni delle tre fasi (A, B e C) come segue:

$$U_{AN} = U_P < 0°$$
$$U_{BN} = U_P < -120°$$
$$U_{CN} = U_P < -240°$$

5-6

N sta qui per il conduttore neutro e U_P è la grandezza della **tensione di fase**. La tensione di fase è formalmente definita come la tensione tra il conduttore e il conduttore neutro. La corrente di una fase è chiamata **corrente di fase.**

La **tensione di linea è** la tensione tra due fasi.

$$U_{AB} = U_{AN} - U_{BN} = U_P < 0° + U_P < -120° = \sqrt{3}U_P < 30° \quad \text{5 -7}$$
$$U_{BC} = \sqrt{3}U_P < -90°$$
$$U_{CA} = \sqrt{3}U_P < -210°$$

L'equazione 5-7 mostra che la grandezza della tensione di rete è in relazione con la tensione di fase come segue:

$$U_L = \sqrt{3}U_P \qquad\qquad \text{5 -8}$$

L'equazione 5-7 mostra anche che nelle tre fasi la somma di tutte le tensioni è uguale a zero, cioè : $U_{AB} + U_{BC} + U_{CA} = 0$.

Infine, utilizzando KCL, si ottiene che la somma di tutte le correnti (che è uguale alla corrente di neutro) è anche uguale a zero.

Carico bilanciato:

Un carico collegato a un sistema AC trifase può essere bilanciato o sbilanciato. Come suggerisce il nome, bilanciato significa che tutte le fasi sono ugualmente caricate. Sbilanciato, invece, significa che le fasi sono caricate in modo diseguale.

Un carico simmetrico può essere configurato in due modi: Uno è in configurazione a stella (Y) e l'altro è in configurazione delta (Δ). Nel carico a stella, tre fili di fase sono collegati a un punto comune a stella e a un conduttore neutro. Questa configurazione è usata nella distribuzione attuale.

L'alimentazione principale dalla rete elettrica è collegata a un trasformatore Δ-Y (trasformatore delta-stella), che converte l'alimentazione Δ in Y. A causa del neutro in Y, un'alimentazione monofase con un neutro (comune) può essere fornita da questi 3ϕ ai consumatori (come gli edifici residenziali) con requisiti di carico relativamente bassi. Questo è il motivo per cui abbiamo tre nuclei negli elettrodomestici di tutti i giorni e nella casa (presa normale), uno dei quali è il neutro e l'altro la fase. Il terzo nucleo è il conduttore di protezione (PE) per la messa a terra di protezione, come già detto. Questo conduttore di terra di protezione a volte non è presente (per esempio nelle semplici spine per lampade).

Le tensioni di linea in una configurazione di carico a stella sono diverse dalle tensioni di fase (di un componente), mentre la corrente di linea è la stessa della corrente di fase (poiché il carico è collegato in serie). Proprio come abbiamo derivato le tensioni di linea prima, la stessa strategia può essere usata qui:

CONFIGURAZIONE
A STELLA
$$U_L = \sqrt{3}U_P \qquad\qquad \text{5-9}$$
$$I_L = I_P$$

Una configurazione a delta, d'altra parte, ha solo tre fasi collegate in un anello e non ha un conduttore neutro. La configurazione a delta ha le sue applicazioni nella trasmissione di tensione. Oltre a questo, la configurazione a delta è usata nelle macchine elettriche. La tensione di rete nel delta è uguale alla tensione di fase (poiché il carico è collegato in parallelo):

CONFIGURAZIONE
DELTA

$$U_L = U_P$$
$$I_L = \sqrt{3}I_P$$

5-10

I consumatori domestici ordinari (per esempio asciugacapelli, lavatrice, lampada) hanno bisogno solo di una fase singola. Così dall'alimentazione trifase del collegamento elettrico, una fase singola con un neutro viene distribuita alle zone della casa. Tutti i carichi domestici hanno un neutro comune, che viene utilizzato per bilanciare gli squilibri. Per misurare questi squilibri, C. L. Fortescue ha sviluppato il metodo della **componente simmetrica**, che afferma che ogni fase ha tre componenti, chiamati zero, positivo e negativo. Questo metodo è utile per risolvere problemi con carichi sbilanciati. Tuttavia, non ci addentreremo qui in dettaglio.

Le centrali elettriche in genere cercano di mantenere l'equilibrio del carico, cioè prevedono la domanda di carico e distribuiscono il carico equamente a ogni fase.

5.4 Come entra l'elettricità in casa? I sistemi di alimentazione

In questa sezione, concludiamo il capitolo con una panoramica di come l'elettricità è ora distribuita dagli impianti di generazione ai consumatori finali.

Il componente principale di un sistema di alimentazione AC è il trasformatore, di cui parleremo più in dettaglio nel prossimo capitolo. In poche parole, i trasformatori non fanno che aumentare o diminuire la tensione. Hanno due lati, uno è chiamato primario, l'altro secondario. La potenza e l'impedenza su entrambi i lati rimangono costanti, quindi cambiando la tensione cambia la corrente nel seguente modo (legge di Ohm): se si aumenta la tensione, la corrente diminuisce, che alla fine diminuisce la potenza dissipata. Ora, potremmo anche trasformare la corrente continua in alte tensioni, ma per vari altri vantaggi, i sistemi a corrente alternata sono ancora preferibili. Una rete di trasmissione e distribuzione utilizza le seguenti fasi:

1) L'elettricità è (generalmente) **"generata"** con 11kV

2) Per ridurre le perdite di potenza, questo 11 kV è poi convertito a 132 kV per la trasmissione. Da questo punto, il sistema a delta (3φ, trifase) è usato per la **trasmissione.** 132 kV è una scelta ottimale, poiché aumentarla ulteriormente comporterebbe più costi (ad esempio per l'isolamento dei fili, le apparecchiature di commutazione e altri trasformatori) e quindi non fornirebbe più un aumento economico. Se la tensione dovesse essere aumentata ulteriormente, i costi aumenterebbero più dell'energia.

3) Le **stazioni riceventi** abbassano poi questa tensione a 33 kV e trasmettono la fornitura alle stazioni di rete della città. Questa trasmissione viene effettuata preferibilmente sotto terra.

4) Le **stazioni di rete** regolano ulteriormente questa tensione fino a 11 kV e la distribuiscono attraverso i trasformatori delle stazioni di rete.

5) I trasformatori (trasformatori Δ-Y) abbassano ulteriormente la tensione a 400 V e la consegnano al **consumatore** con un conduttore neutro. Alcuni paesi (come il Nord America e il Canada) usano sistemi a 210 V; ma 400 V è ancora il più comune. A seconda del paese, 230 V o USA: 110 V è quindi disponibile alla presa domestica.

I pali e le torri (per l'alimentazione a 132 kV) sono usati per le linee aeree (vedi Figura 35).

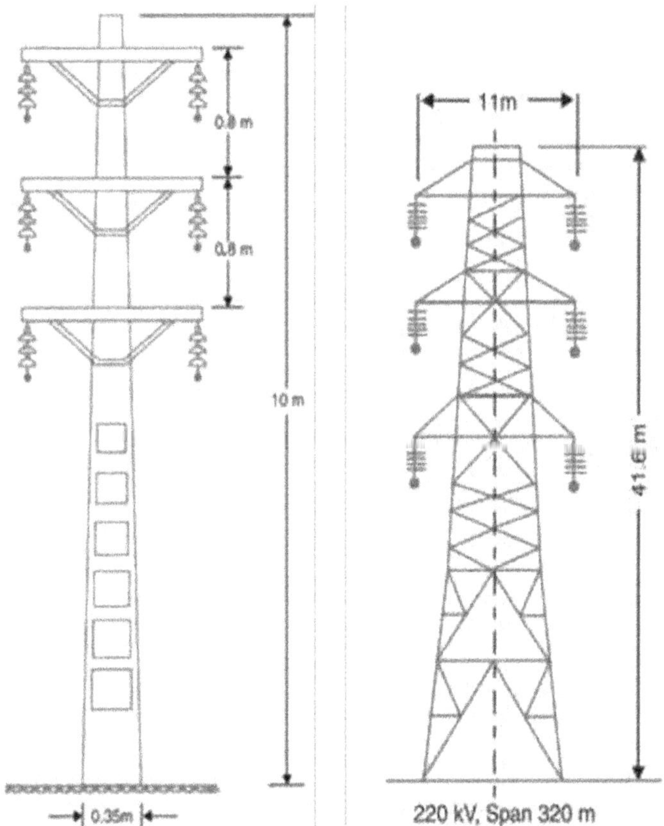

Figura 35: albero di trasmissione (sinistra) e torre in acciaio (destra)

5.5 Protezione della rete elettrica

Nel sistema di alimentazione possono verificarsi diversi guasti che possono causare l'arresto dell'intero sistema di distribuzione e a volte causare gravi danni a costose apparecchiature. Pertanto, è importante ridurre al minimo il verificarsi di questi guasti e quando si verificano, è importante avere un sistema che protegga le apparecchiature costose e ripristini l'alimentazione nel più breve tempo possibile.

Le ragioni di questi guasti da cortocircuito possono essere ad esempio danni all'isolamento, un fulmine, un incidente specifico o anche disastri naturali. Per proteggere il sistema, vengono utilizzati relè con interruttori automatici (CB) per evitare picchi di corrente. Il relè nei sistemi di protezione funziona in diversi modi con trasformatori di corrente e di potenziale (CT e PT). I trasformatori di corrente riducono l'amperaggio a un livello inferiore (di solito 5 A standard), e i trasformatori di potenziale riducono le tensioni. Un trasformatore di corrente con un secondario di 5 A è normalmente collegato a un dispositivo a relè che fa scattare gli interruttori in caso di guasto.

I dispositivi di rilevamento nel rilevamento dei guasti sono quindi dei relè. La qualità di un relè affidabile è che deve garantire affidabilità (il relè funziona su tutti i guasti) e sicurezza (il relè non funziona su falsi guasti). I relè sono progettati sulla base di questi due parametri. L'impostazione del cosiddetto valore di prelievo del relè (limite di tensione per il funzionamento del relè) è per l'affidabilità e l'impostazione del ritardo (ritardo dopo la caduta dei segnali CB del relè) è per la sicurezza.

Oltre ai tradizionali relè meccanici elettromagnetici, ci sono ora anche relè a stato solido con controllo pilota e funzionamento autonomo. Questi relè possono essere utilizzati in concetti come la cosiddetta smart grid. Il problema con i guasti è che una volta che si verificano, di solito richiedono l'intervento umano. Per ridurre gli errori umani (di decisione), questo concetto di relè autonomo, paragonabile al concetto di guida autonoma, offre un enorme potenziale di miglioramento. Tuttavia, l'implementazione è (ancora) limitata a causa dei vincoli di risorse e complessità.

6 Macchine elettriche

L'elettricità è diventata una delle principali fonti di energia per noi, dato che l'energia di cui abbiamo bisogno per le nostre attività quotidiane e di intrattenimento (lavorare, fare il caffè, fare il bucato, guardare la TV...) può essere ottenuta convertendo l'energia elettrica in altre forme. Quando facciamo un lavoro meccanico (per esempio fare un buco con un trapano), questo richiede la conversione dell'energia elettrica in qualche tipo di energia di rotazione. I motori elettrici sono la base per questo. La riconversione dell'energia meccanica in energia elettrica è a sua volta possibile con l'aiuto di generatori. Fondamentalmente e in termini semplificati, a proposito, ogni motore elettrico può essere usato come un generatore allo stesso tempo come ogni generatore può essere usato come un motore elettrico allo stesso tempo, perché hanno lo stesso design. Dipende solo dal fatto che la corrente sia collegata o che l'albero sia fatto ruotare da un lavoro meccanico e poi la corrente sia spillata alle connessioni.

In questo capitolo tratteremo la fisica, i principi di base e il funzionamento delle macchine elettriche. Il capitolo è destinato a una comprensione di base delle macchine elettriche. A proposito, nel corso del capitolo tratteremo solo i motori elettrici, poiché i generatori, come già detto, sono strutturalmente identici.

6.1 Campo magnetico e macchine elettriche - basi

6.1.1 Legge di induzione di Faraday

Come abbiamo già imparato, un conduttore che trasporta corrente avvolto intorno a un nucleo magnetico produce un campo magnetico (**legge di Ampere**). Allo stesso modo, sappiamo già che il cambiamento del campo magnetico induce una tensione in un induttore (**legge di Faraday**).

Un filo percorso da corrente che genera un campo magnetico ha un certo **flusso magnetico** Φ. Questo flusso magnetico Φ dipende dal numero di giri della bobina (n) avvolta intorno a un nucleo magnetico di lunghezza (l_c) e area (A). Più il materiale utilizzato per il nucleo è magnetico, più questo flusso genera corrente. Questa capacità di un materiale di essere magnetizzato è chiamata la sua **permeabilità** (μ).

Legge di Ampere

$$\Phi = \mu \cdot I \cdot \frac{n \cdot A}{l_c} = k_1 \cdot I \Rightarrow \Phi \propto I \qquad \text{6 -1}$$

La permeabilità dell'acciaio, per esempio, è circa 1600 volte maggiore di quella dell'aria, per cui il flusso magnetico nell'acciaio induce 1600 volte più corrente del flusso magnetico nell'aria.

Nelle macchine elettriche, siamo principalmente interessati al **flusso di collegamento** (anche flusso di induzione, flusso di collegamento, flusso della bobina) **ψ**, che è definito come il flusso magnetico totale di una bobina (induttore). Si ottiene integrando la densità di flusso magnetico sull'area della bobina comprese le connessioni. Per un campo omogeneo (linee di campo di uguale forza e direzione) nel nucleo, tuttavia, questo può essere espresso in termini semplificati per una bobina con n giri come segue:

$$\psi = n \cdot \Phi = \mu \frac{n^2 A}{l_c} \cdot I = L \cdot I \qquad \text{6-2}$$

Se facciamo un confronto con il condensatore, dove avevamo la capacità (C) che dipende dal mezzo dielettrico (ε), la distanza tra le piastre (d) e la loro area (A), qui abbiamo l'induttanza L di una bobina che dipende da "n", "A", "l_c" e "μ".

Si applica quindi:

Legge di induzione di Faraday	$\dfrac{d\psi}{dt} = U_{ind} = -n \cdot \dfrac{d\Phi}{dt}$	6-3

6.1.2 La legge magnetico-ohmica

Quando la corrente elettrica scorre attraverso una bobina, induce un campo magnetico nel nucleo. Minore è la resistenza magnetica (**riluttanza**; R_m) del nucleo, maggiore è la forza elettromotrice F, che a sua volta aumenta il flusso magnetico (Φ) è generato dalla corrente. Proprio come le resistenze elettriche in un circuito in serie, la riluttanza del circuito magnetico somma $R_{m1} + R_{m2} + ... + R_{mn}$ e proprio come nel circuito elettrico in parallelo, risulta la seguente espressione: $\left(\frac{1}{R_{m1}} + \frac{1}{R_{m2}} + \cdots + \frac{1}{R_{mn}}\right)^{-1}$.

6.1.3 Forza in un conduttore di corrente in un campo magnetico

Se mettiamo un conduttore di corrente in un campo magnetico di densità **B** (**densità di flusso magnetico**), questo induce una forza, la cosiddetta **forza di Lorentz**, su questo conduttore. La ragione di questa forza è semplicemente l'interazione tra il conduttore e il campo magnetico circostante.

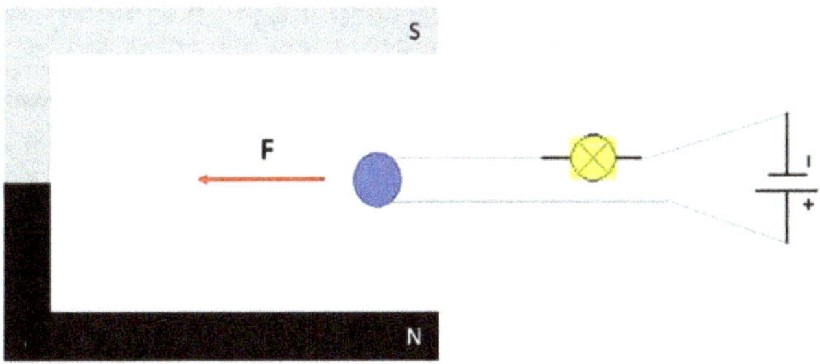

Figura 37: Un conduttore che trasporta corrente (blu) sperimenta una forza (di Lorentz) in un campo magnetico

Il vettore di questa forza è:

$$\mathbf{F} = I \cdot (\mathbf{l} \times \mathbf{B}) \;\rightarrow\; F = I \cdot l \cdot B \cdot sin\theta \qquad\qquad 6\text{-}5$$

$$F \cdot r = \tau = r \cdot I \cdot l \cdot B \cdot sin\,\theta \qquad\qquad 6\text{-}6$$

La "r" qui è il raggio della spira ed è necessaria per ottenere l'equazione della coppia e "B" qui è la densità del flusso magnetico.

Inoltre:

$$\Phi = B \cdot A \qquad\qquad 6\text{-}7$$

Per determinare la direzione della forza o il vettore di forza, c'è la cosiddetta regola della mano destra, di cui avrete sentito parlare. Se vi è difficile capire le formule precedenti, immaginate semplicemente che la forza qui sia perpendicolare a un piano I x B ($\mathbf{F} \perp \mathbf{I} \times \mathbf{B}$). Quindi, poiché la forza è una componente perpendicolare del piano I x B, secondo la legge dei triangoli, si può usare $sin\,\theta$ può essere utilizzato. Poiché la corrente non è una grandezza vettoriale, prenderemo qui la sua lunghezza (I) come un vettore. Ricorda: con il **prodotto incrociato di** due vettori, il prodotto incrociato di due vettori che sono perpendicolari tra loro dà come risultato un nuovo vettore che è perpendicolare ai due vettori iniziali.

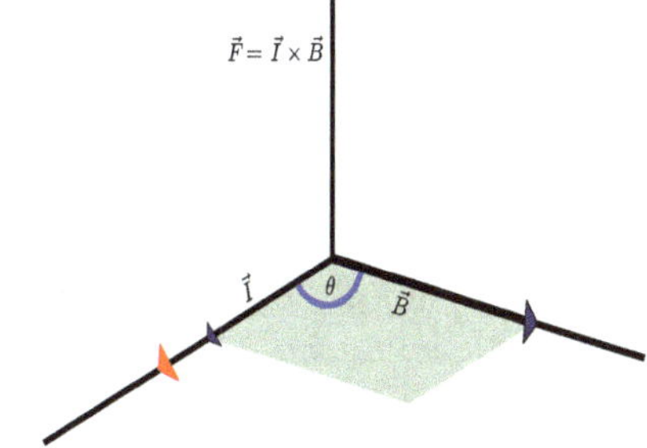

Figura 38: moltiplicazione vettoriale di due vettori, qui mostrata nel piano 3D

6.1.4 Tensione nel conduttore di corrente in un campo magnetico

Sappiamo già che un cambiamento nel campo magnetico induce una tensione in un conduttore e quindi una corrente inizia a scorrere in esso. Consideriamo ora un conduttore che si trova in un campo magnetico e nel quale scorre una corrente I. La corrente crea un campo magnetico, che poi interagisce con il campo magnetico circostante, che a sua volta crea un cambiamento nel campo magnetico. Questo cambiamento nel campo magnetico induce poi una tensione in questo conduttore con il valore:

$$U_{\text{ind}} = (\mathbf{v} \times \mathbf{B}) \cdot \mathbf{l} \Rightarrow U_{ind} = v \cdot B \cdot sin\theta \cdot l \cdot cos\theta \qquad\qquad 6\text{-}8$$

6.1.5 Coppia in una spira di corrente

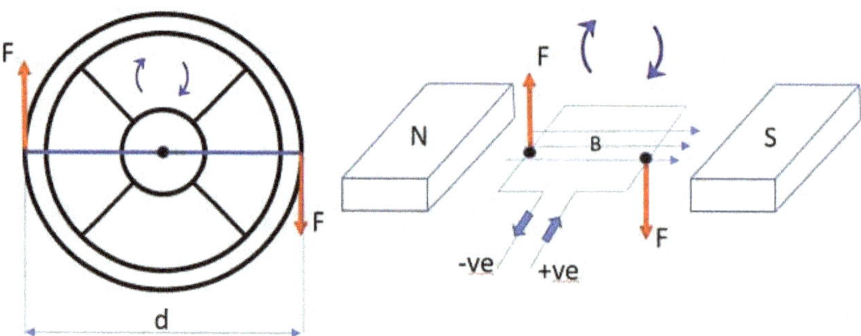

Figura 39: Coppia di forze in una spira di corrente in un campo magnetico

Se mettiamo un conduttore portatore di corrente (forma rettangolare; bobina) in un campo magnetico come mostrato in figura 39, questo campo magnetico genera una coppia (come in meccanica: ad esempio quando si sterza con un volante, vedi figura 39), che fa ruotare il conduttore in questo campo magnetico. Usando l'esempio del volante, immaginate semplicemente il volante come un cerchio con un certo diametro d.

Quando sterziamo a destra (cioè giriamo il volante in senso orario), applichiamo una forza verso l'alto sul lato sinistro del volante e una forza verso il basso sul lato destro con le mani. I vettori di forza sono quindi in direzioni opposte. Lo stesso principio è utilizzato nel caso di un motore elettrico. Qui, il vettore densità (**densità di flusso magnetico B**) del campo magnetico circostante è fisso. Quindi, se la direzione del filo conduttore (vettore **L**) cambia, anche la forza (**F**) cambierà. Se entrambi i conduttori si allineano con il campo magnetico, le forze si annullano a vicenda. (Esempio volante: se si tolgono le mani dal volante, questo si allinea in folle). Matematicamente vale quanto segue:

$$\tau = \frac{d}{2}Fsin\theta + \frac{d}{2}Fsin\theta = dFsin\theta = 2rF\,sin\,\theta \qquad \text{6-9}$$

Qui $\frac{d}{2}$ (= r) è semplicemente il braccio di leva (raggio) dal punto di rotazione (centro) dell'anello conduttore (cerchio; nell'esempio sarebbe il centro del volante). Se ora si inserisce "F" dall'equazione 6-5 e la si converte, si ottiene una forma semplice e bella che può descrivere l'intero funzionamento di un motore elettrico. La seguente equazione descrive la coppia (τ) di una bobina portatrice di corrente in un campo magnetico esterno:

$$\tau = N \cdot I \cdot A \cdot B \cdot sin\theta \qquad \text{6-10}$$

θ: Angolo tra le linee di campo e una perpendicolare al piano della bobina
I: corrente
A: area della bobina
B: densità di flusso magnetico
N: giri della bobina

Tensione in un circuito di trasporto di corrente:

Per ottenere la tensione indotta in questo ciclo, possiamo seguire l'equazione 6-8. Seguendo gli stessi procedimenti, possiamo impostare un'equazione analoga a quella precedente:

$$U_{ind} = 2vBL\,sin\,\theta \qquad \text{6-11}$$

Cosa risulta dopo la riorganizzazione:

$$U_{ind} = \Phi_{max}\omega\,sin\,\theta \qquad \text{6-12}$$

6.2 Trasformatori (Transformers)

I trasformatori sono fondamentalmente macchine elettriche che seguono il principio dell'**induzione elettromagnetica**, più precisamente della mutua induzione (anche: **mutua induzione**, autoinduzione, accoppiamento induttivo). Un trasformatore di solito consiste in due (o anche più) bobine che sono poste relativamente vicine l'una all'altra, per esempio su un nucleo magnetico comune (ferro).

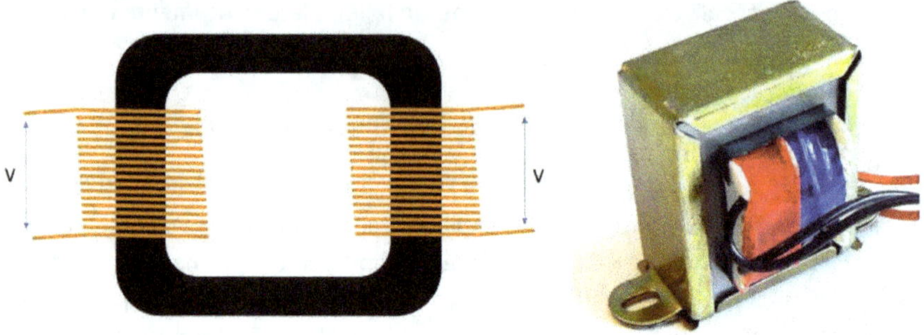

Figura 40: principio schematico di un trasformatore (sinistra) ed esempio reale di un trasformatore (destra)

In termini semplici, questa mutua induzione in un trasformatore (trasformatore) funziona quindi come segue: Una tensione alternata (~) e la corrente alternata associata generano un campo magnetico nelle vicinanze della prima bobina (lato primario). Questo a sua volta genera (induce) una tensione nella seconda bobina (lato secondario). La corrente alternata che cambia costantemente nella prima bobina induce quindi una tensione nella seconda bobina. Anche questa è una tensione alternata e ha la stessa frequenza della prima tensione.

Se colleghiamo una fonte di tensione U_P (lato primario) alla bobina uno, questo induce quindi una tensione U_S (lato secondario) nella seconda bobina. La corrente che queste tensioni producono dipende dall'induttanza (L) delle bobine e quindi anche dal numero di giri (N) di entrambe le bobine. Possiamo quindi dire che il rapporto del numero di giri di due bobine è uguale al rapporto delle due tensioni.

TENSIONE
$$\frac{U_P}{U_S} = \frac{N_P}{N_S} = a \qquad\qquad 6\text{-}13$$

Qui, "a" sta per il **rapporto di trasmissione del trasformatore**.

La potenza dei trasformatori può essere definita con l'equazione 5-2 come:

$$P_{in} = U_p \times I_p \cos\varphi \text{ e } Q_{in} = U_p \times I_p \sin\varphi \qquad 6\text{-}14$$
$$P_{out} = U_s \times I_s \cos\varphi \text{ e } Q_{out} = U_s \times I_s \sin\varphi$$

Poiché la potenza in entrambe le bobine del trasformatore è la stessa, si applica quanto segue:

$$P_{in} = P_{out} \Rightarrow U_P \cdot I_P = U_S \cdot I_S \qquad\qquad 6\text{-}15$$

6.3 Macchine a corrente continua (motore a corrente continua)

Quando colleghiamo una sorgente di corrente continua alla bobina rettangolare nella Figura 39, la corrente (I) inizia a scorrere. Il flusso di questa corrente continua in questa bobina rettangolare, che è in un campo magnetico, induce una coppia di forze su entrambi i lati. Poiché questa forza ora fa ruotare la bobina di 180 gradi, la direzione della coppia di forze si sposta quando la polarità della tensione terminale è la stessa. Nella Figura 39, il terminale +ve produce una forza verso il basso e il terminale -ve produce una forza verso l'alto. Quindi, se scambiamo questi terminali (vedi Figura 41) e applichiamo di nuovo la regola della mano destra, questa inversione della corrente sposta la direzione della forza. A causa di questo spostamento, il motore raggiunge uno stato di equilibrio dopo aver completato questo ciclo di 180 gradi (come mostrato in $\sum \tau = 0$ Ricorda cosa succede quando si lascia il volante) e non gira più.

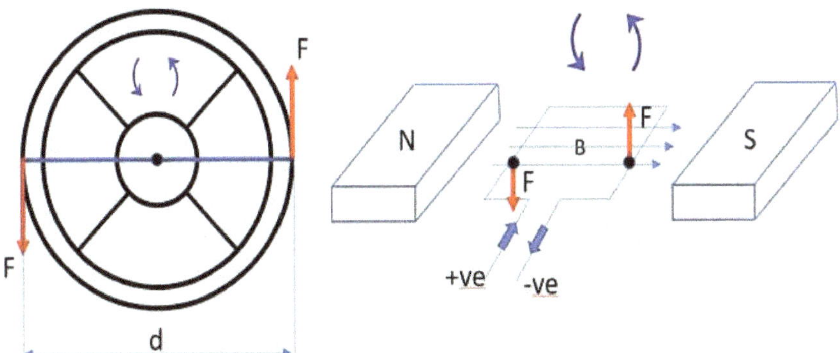

Figura 41: Mostra la figura 39 dopo una rotazione di 180 gradi della bobina in un campo magnetico. Lo spostamento della tensione terminale sposta la direzione della forza.

Per risolvere questo problema, si usa una costruzione ingegnosa chiamata **commutatore**. Vale a dire, per il movimento continuo di un motore DC, abbiamo bisogno di un componente che scambi automaticamente le tensioni positive e negative dell'alimentazione DC collegata. Lo abbiamo già riconosciuto nel paragrafo precedente. Il **commutatore** è semplicemente un componente che crea un cambio di polo nella parte rotante (**rotore**). Questo viene fatto per mezzo di spazzole (**spazzole di carbonio**) che sono collegate come contatti fissi e loop su un anello che ha due interruzioni. Fondamentalmente, non è altro che un componente che interrompe temporaneamente il flusso di corrente.

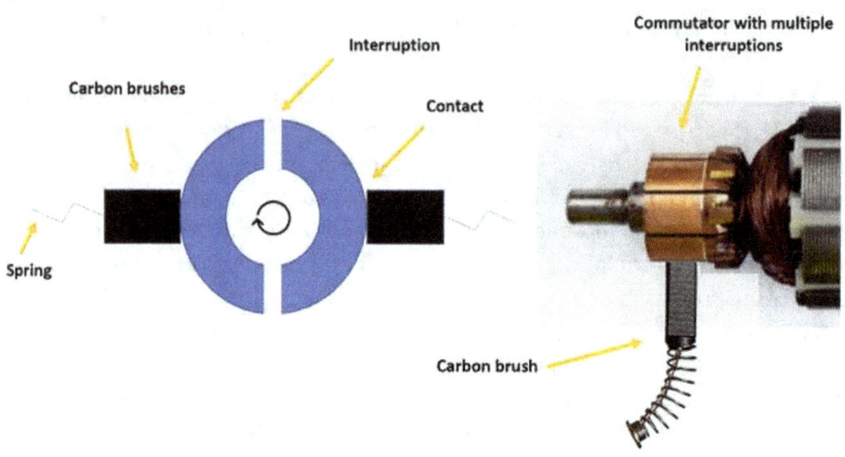

Figura 42: Commutatore (sinistra: schematico, destra: reale) di un motore DC

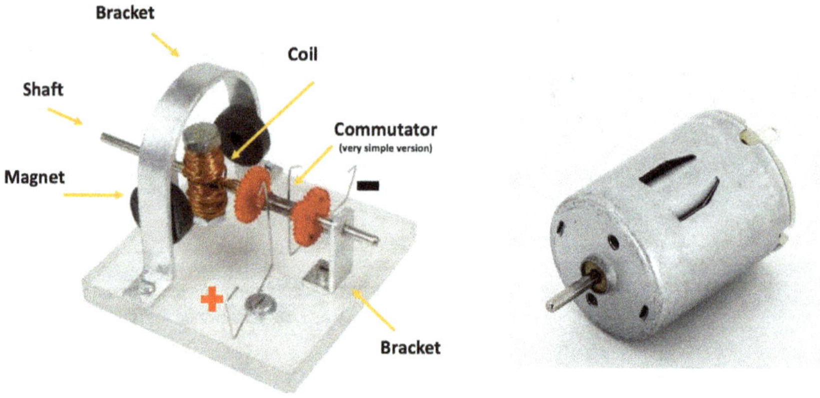

Figura 43: motore elettrico a corrente continua (sinistra: schematico, destra: reale)

Queste illustrazioni si riferiscono solo a macchine bipolari, che fisicamente significa semplicemente che ci sono solo due fessure nel motore dove sono avvolte le spire. Si può immaginare questo come segue. Prendete un filo di rame, per esempio, e avvolgetelo intorno a due aste. Iniziare l'avvolgimento sulla prima asta e finirlo sulla seconda asta. Tuttavia, potremmo anche avvolgere il filo intorno a tre aste, iniziare con la prima, avvolgere del rame sulla seconda e poi terminare l'avvolgimento sulla terza. La struttura di un motore elettrico contiene delle fessure (invece di aste) dove questi avvolgimenti sono avvolti. Questi avvolgimenti sono comunemente chiamati **avvolgimenti di armatura**. L'avvolgimento dell'indotto è posto nel cosiddetto **rotore**, che è la parte rotante del motore elettrico. Un **albero,** che può essere attaccato a questo rotore, è usato per l'uscita, cioè l'uso di questa energia meccanica per vari scopi.

Nel caso di un trapano, per esempio, da un punto di vista meccanico, qui verrebbe collegato il mandrino del trapano, nel quale a sua volta può essere bloccato un trapano, che poi ruota. Oltre alla struttura bipolare, come menzionato in precedenza, ora non ci sono solo motori bipolari ma anche motori tripolari. In una macchina tripolare, in contrasto con lo schema del commutatore (lato sinistro nella figura 42), troveremmo qui tre fessure o interruzioni nel commutatore. Si usa spesso una macchina a corrente continua tripolare e molti motori semplici sono spesso già tripolari.

A volte un avvolgimento / bobina è installato al posto del magnete permanente (**statore**) nel nucleo. Questo avvolgimento / bobina di campo si comporta come un elettromagnete e quindi fornisce un campo magnetico circostante a questo conduttore di corrente. Il motore con un magnete permanente è generalmente chiamato motore a corrente continua a magnete permanente (PMDC) e quello con un avvolgimento di campo, cioè una bobina nel nucleo, un motore elettromagnetico.

6.3.1 Analisi dei circuiti con motori a corrente continua

Risolvere i circuiti con motori a corrente continua (DC) è relativamente semplice, poiché si sa che contengono solo un rotore e uno statore. I circuiti con motori a corrente continua a magnete permanente (magnete nel nucleo) non sono così complessi perché il campo magnetico del magnete permanente è costante e può quindi essere trattato come una semplice costante. Per variare la coppia e la velocità di un tale motore DC, possiamo semplicemente influenzare / cambiare la corrente nell'avvolgimento di campo. Il circuito equivalente del rotore contiene una tensione semplice (U_R), e la sua resistenza (R_R) - e la parte di campo contiene la resistenza (R_F) e l'induttanza (L_F).

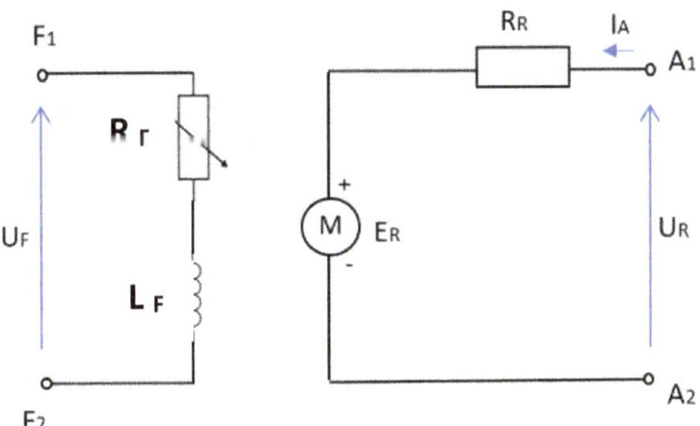

Fig. 6 9: Motore a corrente continua

Le tensioni terminali possono essere facilmente rilasciate dal KVL. La tensione U_R qui, come sappiamo dall'equazione 6-8, è semplicemente la tensione indotta attraverso la bobina. Questa equazione può essere convertita in forma di velocità angolare come:

<u>dall'equazione 6-8:</u>

<u>dall'equazione 6-7:</u>

$$U_A = vBl = r\omega Bl = rlB \cdot \omega = AB \cdot \omega \qquad \text{6-17}$$
$$U_A = \Phi\omega$$

La coppia può essere derivata nello stesso modo dell'equazione 6-6 come:

<u>dall'equazione 6-6:</u>

$$\tau = rI_A lB = rlB \cdot I_A = AB \cdot I_A \qquad \text{6-18}$$
$$\tau = \Phi I_A$$

Allo stesso modo, possiamo definire la potenza di un motore a corrente continua (simile alla potenza di un motore a combustione interna in "cavalli") come:

$$P = \frac{W}{t} = \frac{Fd}{t} \qquad \text{6-19}$$

$$v = \frac{d}{t} = r\omega \Rightarrow$$

$$P = \frac{\frac{\tau}{r} \cdot (vt)}{t} = \frac{\tau}{r} \cdot (v) = \frac{\tau}{r} \cdot (r\omega)$$

$$\rightarrow P = \tau\omega$$

6.4 Macchine a corrente alternata (motori a corrente alternata)

6.4.1 Fondamenti dei motori a corrente alternata

Sappiamo già che un campo magnetico induce una forza o una coppia in un anello percorso da corrente. Diamo un'altra occhiata alla figura 39, qui la forza sul conduttore sinistro della spira è diretta verso l'alto perché il polo nord del magnete permanente non è allineato con il campo magnetico del conduttore che porta la corrente. Poiché due poli uguali si fronteggiano, si respingono a vicenda, il che crea una coppia nel conduttore. Questa coppia muove quindi il conduttore sinistro della spira verso il polo sud del magnete permanente. In questa posizione (Figura 41), con il polo nord del conduttore rivolto verso il polo sud, la spira raggiunge l'equilibrio e il movimento si ferma ($\sum \tau = 0$). Da questo abbiamo concluso che dopo un giro di 180 gradi, il movimento del motore si ferma (Figura 41), perché quando cambia la corrente, cambiano anche le forze.

<u>In sintesi,</u> possiamo dire che il campo magnetico del conduttore (**rotore**) cerca sempre di corrispondere al campo magnetico del magnete esterno (**statore**). Potremmo anche dire che il polo nord o sud del rotore segue sempre il polo sud o nord dello statore.

Per risolvere questo problema, nelle macchine a corrente continua si usa il commutatore, che inverte la direzione della corrente dopo ogni giro di 180 gradi dell'anello. Questo lo sappiamo già. Ma ora c'è un altro caso in cui la necessità di un commutatore non esiste. Vale a dire, se possiamo in qualche modo rendere possibile

74

la rotazione del campo magnetico dello statore. Allora il rotore lo seguirà costantemente e il movimento rotatorio non si fermerà.

6.4.2 Il campo magnetico rotante

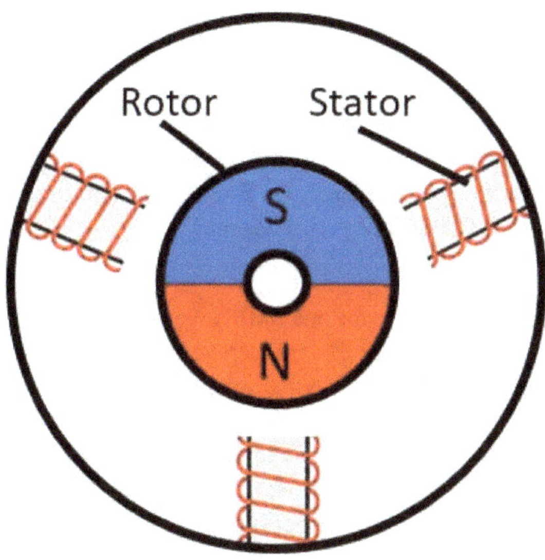

Figura 45: Funzionamento di un motore elettrico a corrente alternata

Nelle sezioni precedenti abbiamo imparato che se facciamo passare la corrente continua attraverso gli avvolgimenti dello statore, si induce una coppia nell'anello che, senza un commutatore, esiste solo per una rotazione di 180 gradi. Ma se ora facciamo entrare la corrente alternata invece di quella continua, la grandezza del campo elettromagnetico varia sinusoidalmente, il che significa che in un ciclo i poli nord e sud si alternano mentre la sinusoide viaggia dal picco positivo a quello negativo ("in salita e in discesa"). Dopo una rotazione di 180 gradi, il campo elettromagnetico dello statore sotto corrente alternata scambia i poli e quindi anche le forze che agiscono sul rotore si spostano. Per scambiare i poli, non abbiamo bisogno di un componente speciale come un commutatore in corrente alternata, poiché la proprietà della corrente alternata sostituisce virtualmente questo componente e sposta le forze stesse.

A causa della sua natura sinusoidale, il motore accelera nel primo mezzo quarto di ciclo e poi rallenta di nuovo nel secondo quarto (onda sinusoidale). Per aggirare questo problema, possiamo usare la corrente alternata trifase. Nel sistema trifase, come già sappiamo, abbiamo uno spostamento di 120 gradi in ogni fase, e se ora fissiamo queste fasi a una distanza di 60 gradi l'una dall'altra (360 gradi / 6 = 60 gradi), la direzione di questo campo magnetico cambia, ma la grandezza no. Con la corrente alternata trifase, la direzione del campo magnetico cambia (ruota), ma la sua grandezza rimane la stessa. La somma dei campi magnetici delle tre correnti del sistema trifase in diverse posizioni proverebbe anche matematicamente questo effetto. Tuttavia, qui faremo a meno di questa prova.

6.4.3 Tipi di motori AC

Ci sono due tipi di motori AC: la **macchina** sincrona (o motore AC sincrono) e la **macchina a induzione** (asincrona). Nella **macchina sincrona (SM),** lo statore e il rotore funzionano in modo sincrono (rispetto al campo rotante). Quando i campi magnetici del rotore (generati dall'anello portatore di corrente) e dello statore interagiscono, il rotore inizia a "inseguire" il campo elettromagnetico trifase dello statore e alla fine lo raggiunge (sincronizzazione).

L'altra variante è la **macchina a induzione (IM)**. Nelle macchine sincrone abbiamo due campi magnetici, uno proveniente dall'anello portatore di corrente (rotore) e l'altro dalla tensione alternata trifase (statore). Nella macchina a induzione, invece, la corrente elettrica nel rotore è generata (indotta) dal campo magnetico della bobina dello statore. Diamo un'occhiata più da vicino. Ormai conosciamo già il concetto di induzione reciproca e la regola di Lenz. Se ora applichiamo una corrente alternata trifase agli avvolgimenti dello statore del motore a induzione, questo induce una tensione nella seconda bobina (bobina del rotore). Così, invece di generare un campo magnetico speciale attraverso la corrente applicata nel rotore, come nel caso delle macchine sincrone, qui lo statore induce semplicemente una parte della sua energia nel rotore, generando così la corrente nel rotore. Questo campo magnetico del rotore indotto dallo statore agisce sempre in direzione opposta al campo magnetico dello statore (regola di Lenz) e quindi alla fine produce lo stesso effetto di un motore sincrono. L'unica differenza è che qui il rotore non raggiunge mai il campo magnetico rotante dello statore e quindi c'è sempre un cosiddetto **slittamento** tra loro. Lo scorrimento qui indica semplicemente la differenza di velocità tra il rotore e lo statore. Lo scorrimento delle macchine sincrone, invece, è sempre zero, cioè inesistente.

Perché trifase?

Se facessimo funzionare un motore a induzione con corrente alternata monofase, produrrebbe un guasto a causa di questo slittamento e si fermerebbe dopo qualche giro. Il movimento del motore si ferma quando il campo magnetico del rotore si allinea con quello dello statore. Lo slittamento qui prima o poi crea un problema nell'allineamento del campo magnetico. Per risolvere questo problema, usiamo la corrente alternata trifase. Possiamo anche usare la corrente alternata bifase, con ogni fase a 180 gradi di distanza e 90 gradi di distanza (360 gradi / 4 = 90 gradi). In questo caso, se la bobina è posta verticalmente, la bobina sarà attratta dalla componente di fase orizzontale quando accendiamo il motore. Così la posizione del rotore non ha importanza, una fase lo attrae sempre (vedi figura 46).

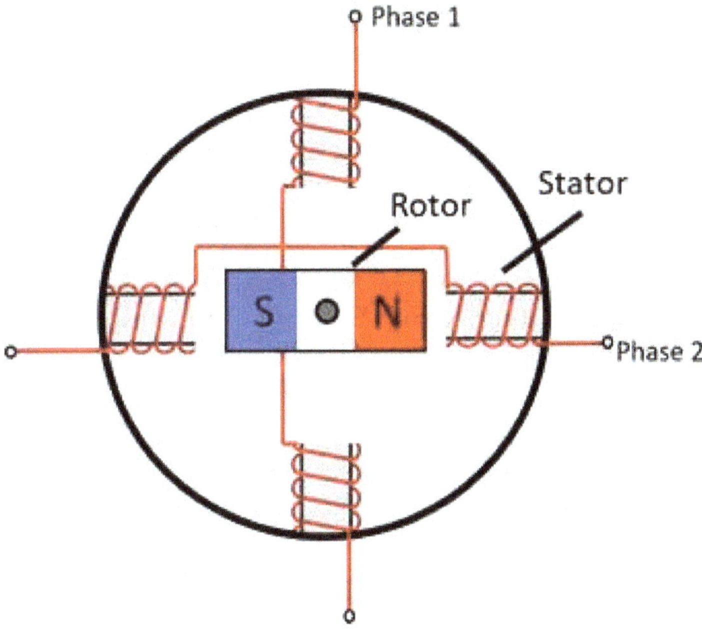

Figura 46: La posizione del magnete (rotore) non ha importanza, un avvolgimento lo attrae sempre

Come fa ad andare ancora in monofase?

Un semplice ventilatore da soffitto, per esempio, può funzionare con corrente alternata monofase perché contiene un condensatore (di solito 2,5 µF). Se questo condensatore è difettoso, noterete che il ventilatore non parte automaticamente. I condensatori qui creano semplicemente uno spostamento di fase di 90 gradi e quindi in un certo senso creano una condizione bifase in questo ventilatore monofase. Così ogni fase è separata di 90 gradi in questo caso (Figura 46) e il motore può partire da solo. La matematica delle macchine a corrente alternata va oltre lo scopo di questo libro, ma c'è un'equazione importante da conoscere. Questa equazione mette in relazione la frequenza della corrente alternata con la velocità. Se aumentiamo la frequenza AC, i rotori si muovono più velocemente (poiché ora ci sono più rotazioni di 360 gradi in un ciclo - a 50Hz, per esempio, ce ne sono 50):

$$Velocità\ del\ rotore = \frac{120 \times Frequenza\ statore\ (AC)}{Numero\ di\ poli\ nella\ macchina} \cdot (1 - Slittamento) \qquad 6\text{-}20$$

7 Energie rinnovabili

L'energia è un bisogno fondamentale per la crescita e il mantenimento di una civiltà, poiché il lavoro richiede energia. Il consumo globale di elettricità per il 2014 è stato di circa 726,6 MWh. Quasi il 60% di questa energia è stata generata da combustibili fossili, con un'impronta di carbonio totale di circa 35,25 miliardi di tonnellate. Questa quantità di anidride carbonica contribuisce alla crisi climatica globale e può causare l'aumento delle temperature, sciogliendo ulteriormente i ghiacciai e alzando il livello degli oceani del mondo. L'impoverimento dello strato di ozono permette l'ingresso nell'atmosfera terrestre di livelli più alti di radiazioni UV, che comportano un rischio maggiore per la salute (cancro alla pelle, ecc.) per noi umani. Si presume che la popolazione mondiale crescerà fino a circa 10 miliardi di persone entro il 2050. Più persone e più complessa è la nostra tecnologia, più elettricità ed energia avremo bisogno. Una grande fornitura di **energia verde** è importante sia per l'ambiente che per noi umani per le ragioni menzionate sopra.

Per ragioni economiche, è difficile eliminare semplicemente la produzione di energia dai combustibili fossili, poiché l'energia è ormai parte integrante della nostra società che avanza e la struttura di generazione esistente dovrebbe essere completamente cambiata. Dobbiamo ancora trovare metodi sempre migliori in termini di fonti di energia rinnovabile per minimizzare l'ulteriore impatto sull'ambiente e sul nostro futuro.

In questo capitolo tratteremo due delle fonti di energia rinnovabile più conosciute, cioè i sistemi fotovoltaici e le turbine eoliche per la generazione di elettricità. Ci sono anche altre fonti di energia rinnovabile, come le centrali idroelettriche, le celle a combustibile a idrogeno, la biomassa e l'energia geotermica. Ma a parte l'energia idroelettrica, questi metodi hanno problemi di efficienza e altre difficoltà. Alcune di esse, come l'energia geotermica, funzionano solo in certe zone con sorgenti calde. Pertanto, in questo capitolo esamineremo solo le due energie rinnovabili più popolari che possono aiutarci a minimizzare le emissioni di carbonio su larga scala.

7.1 Sistemi FV -fotovoltaico

L'irraggiamento (unità: W/m^2) è la misura dell'irraggiamento solare ricevuto per unità di superficie. Diverse regioni della terra hanno diversi livelli di irraggiamento (vedi Figura 48). Gli impianti fotovoltaici sono particolarmente utili nelle regioni con irraggiamento medio-alto per ottenere la massima efficienza nella produzione di elettricità.

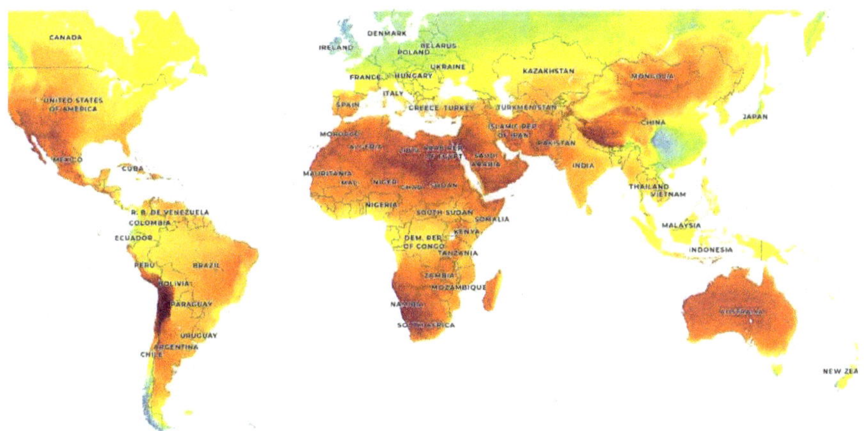

Figura 48: Irraggiamento su una mappa del mondo (www.globalsolaratlas.info)

La figura 48 mostra che la terra riceve un massimo di 7,4 kWh/m2 di irradiazione in un giorno. L'efficienza massima dei moduli solari nel 2021 è di circa il 19%, il che porterebbe a quasi 1,41 kWh di energia per metro quadrato in un giorno.

Come funziona il fotovoltaico? Da dove viene l'elettricità?

I moduli fotovoltaici sono di solito fatti di silicio. Quando la luce del sole colpisce una tale cella fotovoltaica (vedi Figura 49), l'energia che la luce del sole porta con sé viene convertita in elettricità nella cella. Lo sfondo o principio di base per questo è chiamato "**effetto fotoelettrico**".

Questo effetto descrive il processo di dissoluzione degli elettroni da una superficie di semiconduttore (possibile anche una superficie metallica) sotto l'incidenza della luce (**fotoni**). Gli elettroni vengono così liberati e trasportati ulteriormente grazie a un drogaggio speciale dell'elemento semiconduttore.

La tensione elettrica generata (tensione continua) può quindi essere sfruttata nelle connessioni dell'impianto fotovoltaico. Per utilizzare questa tensione, è necessario un inverter per convertire la tensione continua in tensione alternata in modo che l'elettricità "generata" possa essere immessa nella rete.

Progettazione dell'impianto FV :

Una **cella fotovoltaica** è costituita da silicio cristallino, che converte l'energia luminosa in una coppia elettrone-hole e quindi genera 0,5 V. Una tensione di 18 V si ottiene collegando questa cella 36 volte in serie. Questa coppia di 36 celle è chiamata **modulo.** Per aumentare ulteriormente la tensione, la combinazione di moduli in serie forma una cosiddetta **stringa FV**. E questa combinazione di stringhe forma a sua volta un **campo fotovoltaico,** che possiamo poi installare sul tetto di casa nostra, per esempio.

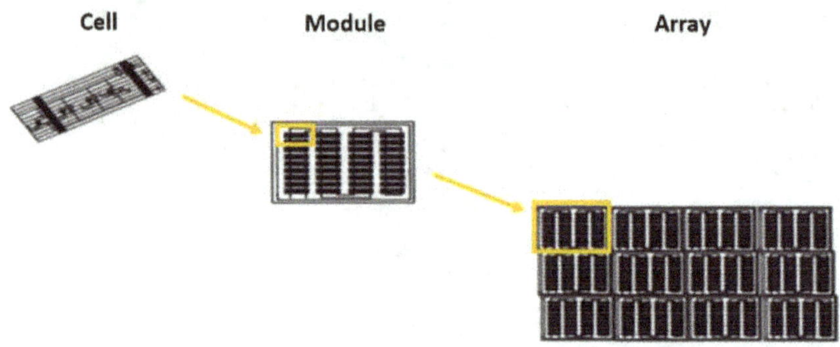

Figura 49: La struttura di un campo fotovoltaico

Ogni singolo **modulo fotovoltaico** ha un punto di massima potenza (come un modulo a 18V costanti). Se la corrente di cortocircuito a 0 V è uguale a I_{sc} e la tensione a circuito aperto a 0 A è uguale a V_{oc} la potenza massima è nel mezzo. Se aumentiamo la corrente oltre 0 A, la tensione aumenta V_{oc} aumenta, e allo stesso modo, se aumentiamo la tensione sopra 0 V, la corrente diminuisce. I_{sc}. Il **punto ottimale** centrale in cui il prodotto dei due valori dà il valore massimo è chiamato **punto di massima potenza** (**P_{MPP}**).

$$P_{mpp} = U_{mpp} \cdot I_{mpp} = FF \cdot U_{oc} \cdot I_{sc} \qquad\qquad 7\text{-}1$$

Qui FF (fattore di riempimento) è una costante per una cella fotovoltaica che descrive quanto è alta l'efficienza di un modulo fotovoltaico.

<u>Esempio 5</u>

Progettare un impianto fotovoltaico per una casa che richiede 10 kW a 220 V, 50 Hz monofase AC. U_{mpp} e I_{mpp} dei pannelli fotovoltaici sono 54 V e 3 A.

Qui prenderemo l'input dai pannelli solari e lo alimenteremo nell'inverter. Gli inverter prendono l'alimentazione DC (U $_{DC}$) e la convertono in AC (U $_{AC}$) commutando rapidamente la polarità DC. L'equazione per la tensione di uscita dell'inverter è:

$$U_{AC} = \frac{U_{DC}}{\sqrt{2}} \cdot 0,9 \Rightarrow U_{DC} = \frac{220}{0,9} \cdot \sqrt{2} = 345,7\ V$$

Per ottenere questi 345 volt dalle celle solari, abbiamo bisogno di:

$$\text{Numero di moduli} = \frac{345\ V}{54\ V} = 6,4 \approx 7\ \textbf{moduli}$$

Ogni modulo può generare 54 volt. Collegati in serie, questi 7 moduli generano:

$$\text{Tensione} = 7 \cdot 54\ V = 378\ V$$

$$\Rightarrow \quad \text{Potenza} = 378\,V \cdot I_{mpp} = 378\,V \cdot 3\,A = 1134\,W$$

Quindi, per raggiungere la potenza richiesta di 10 kW, abbiamo bisogno di:

$$\text{Numero di stringhe FV} = \frac{10\,000\,W}{1134\,W} = 8,8 \approx 9$$

Quindi qui possiamo usare due array FV con 5 stringhe FV:

$$\textbf{Array-Leistung} = 5 \cdot 2 \cdot 1134\,W \rightarrow 11,34\,kW \textbf{ Potenza totale}$$

7.2 Turbine eoliche

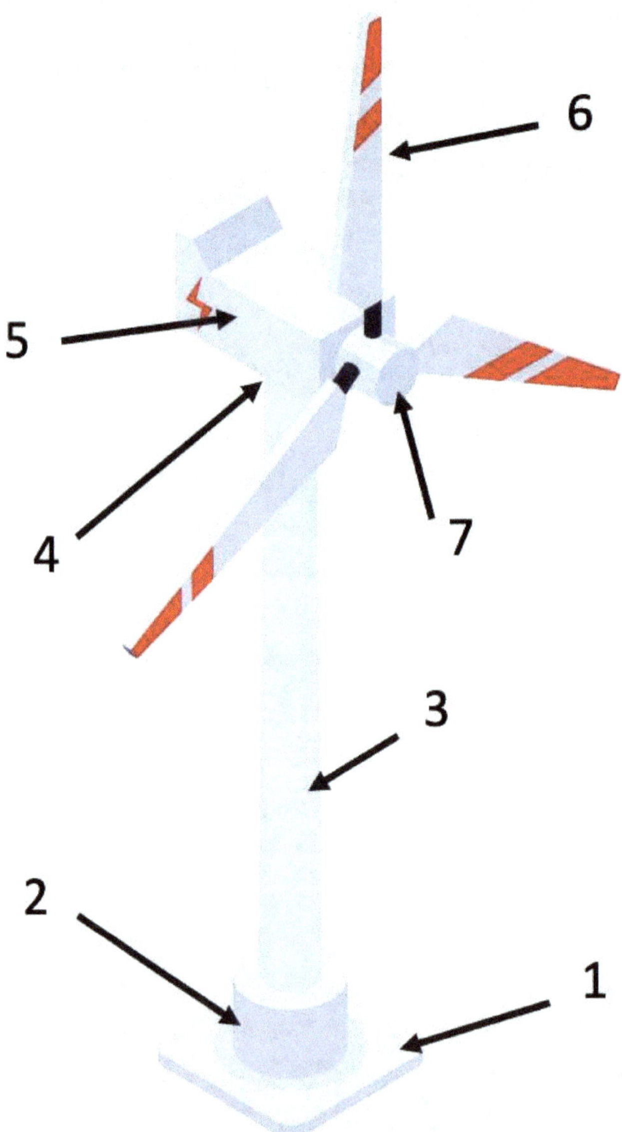

Figura 52: Struttura di una turbina eolica

1) Fondazione 2) Collegamento alla rete elettrica 3) Torre 4) Controllo della direzione del vento 5) Navicella con generatore, misuratore del vento, freno e cambio 6) Pala del rotore 7) Mozzo del rotore.

Le turbine eoliche utilizzano **generatori sincroni in cui** l'energia generata dal vento fa girare il rotore del generatore, che induce una tensione nello statore. Il **cambio** aumenta la velocità di rotazione del rotore del generatore.

Dato che il raggio del rotore del generatore è più piccolo all'interno rispetto alle **pale della turbina**, la progettazione della turbina richiede un calcolo corretto degli ingranaggi per mantenere la coppia totale uguale. Poiché il vento soffia in diverse direzioni, le turbine moderne usano il controllo del movimento di beccheggio e di imbardata. Il moto di beccheggio nelle turbine si applica alle pale e il moto di imbardata all'intera turbina (compresi il generatore e il cambio). Altre parti della turbina sono importanti per l'involucro, la protezione dalle intemperie, il controllo della velocità, ma non sono essenziali per il funzionamento funzionale della turbina eolica.

Per calcolare la tensione generata dalla turbina eolica, dobbiamo considerare il rapporto di trasmissione. Se vogliamo che un generatore vada 8 volte più veloce delle pale, dobbiamo costruire un rapporto di ingranaggi di 1 : 8 in cui abbiamo 4 ingranaggi per le pale e 48 per il generatore. Normalmente, i generatori nelle turbine eoliche lavorano a una velocità di 120 giri al minuto. Ora, quando il rotore gira, genera elettricità nella turbina, che viene poi trasmessa alla rete elettrica per la distribuzione. Come già notato con il motore elettrico, il generatore non è molto diverso in termini di costruzione.

Appendice A: Software di simulazione e software CAD per l'elettronica

La progettazione assistita dal computer (CAD) e la simulazione sono importanti nell'ingegneria moderna perché danno un'idea migliore di un problema e aiutano ad aumentare l'efficienza. Utilizzando un software CAD specificamente progettato per applicazioni di ingegneria elettrica, gli ingegneri disegnano diagrammi e schemi di reti elettriche. Le simulazioni danno anche un'idea migliore del circuito e invece di progettarlo fisicamente, possiamo risparmiare le nostre risorse (soldi e tempo) con l'aiuto delle simulazioni. Il software di simulazione elettrica è interattivo e può aiutarci a trovare soluzioni ai problemi più facilmente. Quando abbiamo un'idea per una nuova applicazione, la struttura matematica di base di quel problema è il prerequisito. Proprio come gli ingegneri sviluppano la matematica dei loro modelli, gli sviluppatori la usano nei loro modelli per le simulazioni interattive. Di seguito troverete alcuni strumenti software utili che vi invitiamo a dare un'occhiata più da vicino:

- **Multisim/Proteus:** per soluzioni di circuiti elettronici ed embedded. Proprio come gli strumenti pratici, questi software di simulazione hanno strumenti come oscilloscopio, generatore di funzioni e multimetro per la visualizzazione.

- **Visio/Edraw e Max/AutoCAD elettrico:** software CAD per la rappresentazione di modelli elettrici.

- **Eagle/Altium Designer:** per la progettazione professionale di PCB

- **MATLAB/Mathematica:** per risolvere problemi matematicamente. MATLAB ha anche un'estensione integrata chiamata Simulink, che è molto utile nelle simulazioni elettriche. A parte le semplici soluzioni matematiche, MATLAB è un software ad ampio raggio con cui possiamo fare quasi tutto: Analisi dei segnali, sistemi di potenza, elettronica, gestione dell'energia, economia dell'ingegneria e persino robotica. Mathematica è anche un software ad ampio raggio ed è particolarmente buono per soluzioni matematiche pure.

- **ETAP:** per la progettazione del sistema energetico, la risoluzione dei problemi e la gestione del carico.

Il software **EveryCircuit (online)** è stato usato per i circuiti in questo libro. Sentitevi liberi di cercarlo su Google e provarlo!

Appendice B: una breve introduzione all'uso di Arduino

Arduino è un microcontrollore comunemente usato. I microcontrollori sono dispositivi complessi e programmabili per il controllo con istruzioni semplici. Con un microcontrollore, possiamo controllare un sistema semplice con un semplice insieme di istruzioni. Il compilatore Arduino interpreta i linguaggi di programmazione Python e CPP in linguaggio macchina binario e carica queste istruzioni nel microcontrollore. Arduino è comunemente indicato come un microcontrollore, ma non è un microcontrollore in sé. È un composto di varie elettroniche con un microcontrollore. Di solito, il microcontrollore usato in Arduino è un Atmel AT-mega a 8 bit. Questo rende Arduino un microcontrollore interattivo e conveniente.

Per maggiori dettagli su come utilizzare un Arduino e istruzioni passo dopo passo, vi consiglio il mio libro:

La guida definitiva per i principianti

M.Eng. Johannes Wild

Parole di chiusura

Molto bene! L'hai fatto, hai lavorato attraverso il corso per principianti. Congratulazioni!

In questo libro ho cercato di darvi una comprensione delle conoscenze di base dell'ingegneria elettrica e dell'elettronica in modo semplice. Spero di esserci riuscito in qualche misura e che questo libro vi abbia dato un'introduzione facile da capire e pratica al mondo dell'ingegneria elettrica!

L'obiettivo di questo libro è stato quello di darvi una comprensione di come l'ingegneria elettrica ci accompagna nella vita quotidiana e quali principi di base sono coinvolti. Dovrebbe essere un libro che dia una comprensione dei circuiti elettrici e anche una comprensione dei componenti più importanti (ad esempio, resistenza, trasformatore, condensatore, diodo, ecc.) in ingegneria elettrica o elettronica.

In questo libro, abbiamo anche trattato le basi della tecnologia della corrente continua e della corrente alternata, i loro sfondi fisici e molto altro ancora!

Con questo corso di base, ora dovresti sapere tutto quello che devi sapere come principiante sul mondo dell'ingegneria elettrica e dell'elettronica! Naturalmente, ha senso non fermarsi a questo punto e cercare piuttosto un libro avanzato per imparare ancora di più sull'eccitante argomento dell'ingegneria elettrica. Tuttavia, se non avete familiarità con questo campo (forse siete più inclini alla meccanica), avete almeno sentito le basi!

Insieme abbiamo ottenuto molto in questo corso, in un modo o nell'altro! Sii giustamente orgoglioso di te stesso quando arrivi alla fine!

Se ti è piaciuto questo libro, sarei molto felice se mi lasciassi una valutazione e un breve feedback, oltre a raccomandare il libro! Grazie mille!

Libri su argomenti che potrebbero piacerti anche

Tutti i libri sono disponibili online sulle solite piattaforme di vendita. È meglio cercare semplicemente il titolo o sentirsi liberi di visitare la mia pagina dell'autore. Alcuni dei libri potrebbero non essere ancora stati pubblicati e appariranno o si troveranno presto. Dai un'occhiata ai libri di tua scelta e portali a casa come e-book o paperback!

Stampa 3D:

CAD, FEM, CAM:

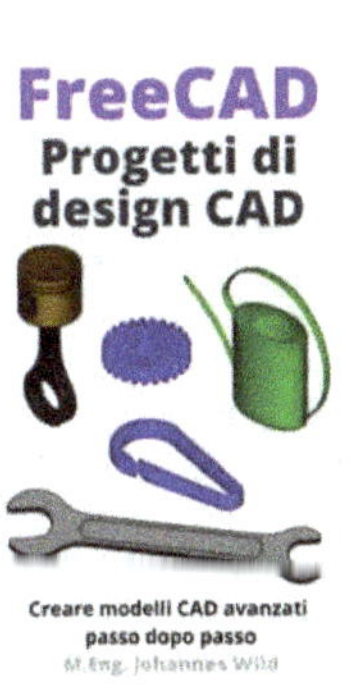

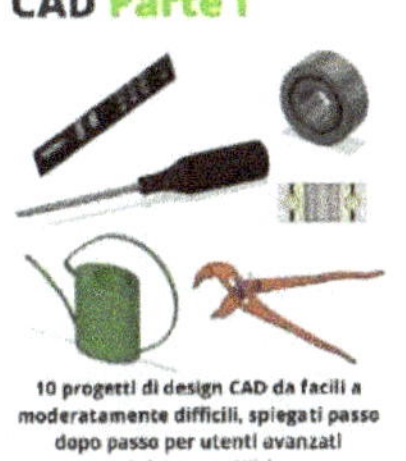

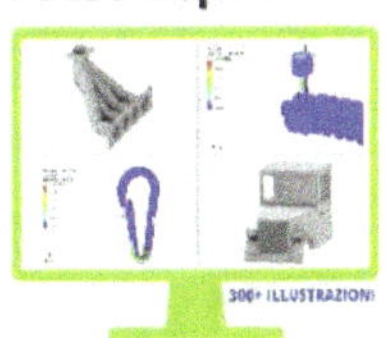

Elettrotecnica:

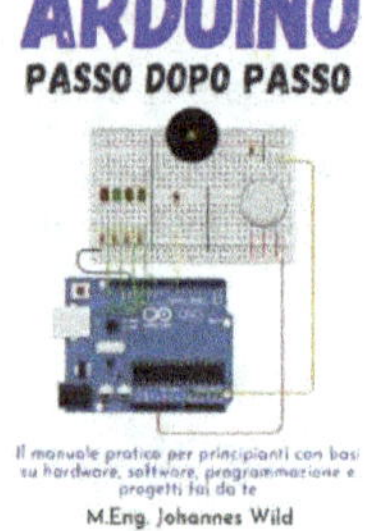

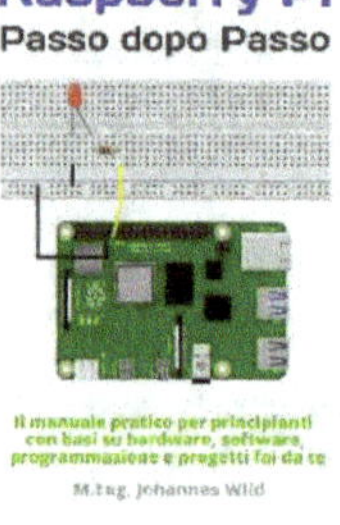

Programmazione e altri software:

Ci sono anche video corsi identici per alcuni di questi libri:

Fusion 360 Passo dopo Passo | CAD,FEM e CAM per principianti
La guida pratica per AUTODESK FUSION 360! Impara la progettazione, la simulazione, la produzione e altro da un ingegnere
M.Eng. Johannes Wild
4.6 ★★★★⯪ (31)
3.5 total hours • 24 lectures • Beginner
Bestseller

Stampa 3D | Una guida passo dopo passo
La guida pratica per principianti e utenti! Un corso per tutti, creato da un ingegnere!
M.Eng. Johannes Wild
4.0 ★★★★☆ (28)
1.5 total hours • 20 lectures • All Levels

Progettazione CAD per principianti | Impara da un ingegnere
La guida practica alla creazione di oggetti e modelli 3D con software di progettazione CAD gratuito per stampa 3D, ecc.
M.Eng. Johannes Wild
4.2 ★★★★☆ (6)
1.5 total hours • 15 lectures • All Levels

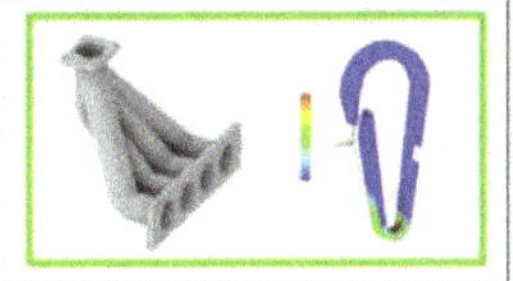

INVENTOR Passo dopo Passo | CAD & FEM per principianti
La guida pratica per AUTODESK INVENTOR! Impara la progettazione CAD, la simulazione FEM e altro da un ingegnere
M.Eng. Johannes Wild
4.2 ★★★★☆ (7)
3.5 total hours • 20 lectures • Beginner

...

Per l'acquisto puoi scegliere tra la piattaforma di apprendimento "Udemy":

Cerca il mio nome su www.udemy.com:

M.Eng. Johannes Wild o usa il seguente link:

www.udemy.com/courses/search/?src=ukw&q=m.eng.+johannes+wild

Iscriviti oggi e approfondisci le tue conoscenze!

Impronta dell'autore/editore

© 2023

Johannes Wild
c/o RA Matutis
Berliner Straße 57
14467 Potsdam
Germany

E-mail: 3dtech@gmx.de

Questo lavoro è protetto da copyright

www.ingramcontent.com/pod-product-compliance
Lightning Source LLC
LaVergne TN
LVHW010819200726
843507LV00003B/651